Le carnet d'entretien de mon aquarium

Prénom

....

Copyright © 2020 Editions Mon aquarium & Moi
Tous droits réservés.

Cet ouvrage est protégé par droit d'auteur. Tous les droits, ainsi que la traduction, la réimpression, la reproduction de l'ouvrage ou de partie de celui-ci sont réservés. Aucune partie de l'oeuvre ne peut être reproduite, réimprimée, diffusée sans autorisation écrite de l'éditeur sous quelle forme que ce soit. (photocopie, microfilm ou autre procédé.)

Le carnet d'entretien de mon aquarium

Date : ....

Caractéristiques de mon aquarium

- ☐ Type d'aquarium :
- ☐ Volume :
- ☐ Type d'animaux :
- ☐ Alimentation :
- ☐ Prévention maladie :
- ☐ Traitement maladie :
- ☐ Ajout de nouveaux animaux :
- ☐ Types :
- ☐ Nombres :
- ☐ Plantes :
- ☐ Alimentation des plantes :
- ☐ Type de sable :

Entretien de mon aquarium

- ☐ Température :
- ☐ Changement de l'eau :
- ☐ Quantité :
- ☐ Ammonium (NH_3)
- ☐ Ammoniaque (NH_4)
- ☐ Nitrite (NO_2)
- ☐ PH :
- ☐ Nettoyage filtration :
- ☐ Changement filtration :
- ☐ Nettoyage des vitres :
- ☐ Nettoyage de la décoration :
- ☐ Éclairage :

Notes
- ★ _____
- ★ _____
- ★ _____
- ★ _____
- ★ _____
- ★ _____

Notes
- ★ _____
- ★ _____
- ★ _____
- ★ _____
- ★ _____
- ★ _____

Le carnet d'entretien de mon aquarium

Date : ....

Caractéristiques de mon aquarium

- ☐ Type d'aquarium :
- ☐ Volume :
- ☐ Type d'animaux :

- ☐ Alimentation :
- ☐ Prévention maladie :
- ☐ Traitement maladie :

- ☐ Ajout de nouveaux animaux :
- ☐ Types :
- ☐ Nombres :

- ☐ Plantes :
- ☐ Alimentation des plantes :
- ☐ Type de sable :

Entretien de mon aquarium

- ☐ Température :
- ☐ Changement de l'eau :
- ☐ Quantité :

- ☐ Ammonium (NH_3)
- ☐ Ammoniaque (NH_4)
- ☐ Nitrite (NO_2)

- ☐ PH :
- ☐ Nettoyage filtration :
- ☐ Changement filtration :

- ☐ Nettoyage des vitres :
- ☐ Nettoyage de la décoration :
- ☐ Éclairage :

Notes
- ★
- ★
- ★
- ★
- ★
- ★

Notes
- ★
- ★
- ★
- ★
- ★
- ★

Le carnet d'entretien de mon aquarium

Mon univers

Ma Passion

Date : ....

Caractéristiques de mon aquarium

- ☐ Type d'aquarium :
- ☐ Volume :
- ☐ Type d'animaux :

- ☐ Alimentation :
- ☐ Prévention maladie :
- ☐ Traitement maladie :

- ☐ Ajout de nouveaux animaux :
- ☐ Types :
- ☐ Nombres :

- ☐ Plantes :
- ☐ Alimentation des plantes :
- ☐ Type de sable :

Entretien de mon aquarium

- ☐ Température :
- ☐ Changement de l'eau :
- ☐ Quantité :

- ☐ Ammonium (NH_3)
- ☐ Ammoniaque (NH_4)
- ☐ Nitrite (NO_2)

- ☐ PH :
- ☐ Nettoyage filtration :
- ☐ Changement filtration :

- ☐ Nettoyage des vitres :
- ☐ Nettoyage de la décoration :
- ☐ Éclairage :

Notes

- ★ _____
- ★ _____
- ★ _____
- ★ _____
- ★ _____
- ★ _____

Notes

- ★ _____
- ★ _____
- ★ _____
- ★ _____
- ★ _____
- ★ _____

Le carnet d'entretien de mon aquarium

Mon univers

Ma Passion

Date : ....

Caractéristiques de mon aquarium

- ☐ Type d'aquarium :
- ☐ Volume :
- ☐ Type d'animaux :

- ☐ Alimentation :
- ☐ Prévention maladie :
- ☐ Traitement maladie :

- ☐ Ajout de nouveaux animaux :
- ☐ Types :
- ☐ Nombres :

- ☐ Plantes :
- ☐ Alimentation des plantes :
- ☐ Type de sable :

Entretien de mon aquarium

- ☐ Température :
- ☐ Changement de l'eau :
- ☐ Quantité :

- ☐ Ammonium (NH_3)
- ☐ Ammoniaque (NH_4)
- ☐ Nitrite (NO_2)

- ☐ PH :
- ☐ Nettoyage filtration :
- ☐ Changement filtration :

- ☐ Nettoyage des vitres :
- ☐ Nettoyage de la décoration :
- ☐ Éclairage :

Notes

★ ──────────────
★ ──────────────
★ ──────────────
★ ──────────────
★ ──────────────
★ ──────────────

Notes

★ ──────────────
★ ──────────────
★ ──────────────
★ ──────────────
★ ──────────────
★ ──────────────

Le carnet d'entretien de mon aquarium

Mon univers

Ma Passion

Date : ....

Caractéristiques de mon aquarium

- ☐ Type d'aquarium :
- ☐ Volume :
- ☐ Type d'animaux :

- ☐ Alimentation :
- ☐ Prévention maladie :
- ☐ Traitement maladie :

- ☐ Ajout de nouveaux animaux :
- ☐ Types :
- ☐ Nombres :

- ☐ Plantes :
- ☐ Alimentation des plantes :
- ☐ Type de sable :

Entretien de mon aquarium

- ☐ Température :
- ☐ Changement de l'eau :
- ☐ Quantité :

- ☐ Ammonium (NH_3)
- ☐ Ammoniaque (NH_4)
- ☐ Nitrite (NO_2)

- ☐ PH :
- ☐ Nettoyage filtration :
- ☐ Changement filtration :

- ☐ Nettoyage des vitres :
- ☐ Nettoyage de la décoration :
- ☐ Éclairage :

Notes

★ ──────────────
★ ──────────────
★ ──────────────
★ ──────────────
★ ──────────────
★ ──────────────

Notes

★ ──────────────
★ ──────────────
★ ──────────────
★ ──────────────
★ ──────────────
★ ──────────────

Le carnet d'entretien de mon aquarium

Mon univers

Ma Passion

Date : ....

Caractéristiques de mon aquarium

- ☐ Type d'aquarium :
- ☐ Volume :
- ☐ Type d'animaux :

- ☐ Alimentation :
- ☐ Prévention maladie :
- ☐ Traitement maladie :

- ☐ Ajout de nouveaux animaux :
- ☐ Types :
- ☐ Nombres :

- ☐ Plantes :
- ☐ Alimentation des plantes :
- ☐ Type de sable :

Entretien de mon aquarium

- ☐ Température :
- ☐ Changement de l'eau :
- ☐ Quantité :

- ☐ Ammonium (NH_3)
- ☐ Ammoniaque (NH_4)
- ☐ Nitrite (NO_2)

- ☐ PH :
- ☐ Nettoyage filtration :
- ☐ Changement filtration :

- ☐ Nettoyage des vitres :
- ☐ Nettoyage de la décoration :
- ☐ Éclairage :

Notes
★ ──────────
★ ──────────
★ ──────────
★ ──────────
★ ──────────
★ ──────────

Notes
★ ──────────
★ ──────────
★ ──────────
★ ──────────
★ ──────────
★ ──────────

Le carnet d'entretien de mon aquarium

Mon univers

Ma Passion

Date : ....

Caractéristiques de mon aquarium

- ☐ Type d'aquarium :
- ☐ Volume :
- ☐ Type d'animaux :

- ☐ Alimentation :
- ☐ Prévention maladie :
- ☐ Traitement maladie :

- ☐ Ajout de nouveaux animaux :
- ☐ Types :
- ☐ Nombres :

- ☐ Plantes :
- ☐ Alimentation des plantes :
- ☐ Type de sable :

Entretien de mon aquarium

- ☐ Température :
- ☐ Changement de l'eau :
- ☐ Quantité :

- ☐ Ammonium (NH_3)
- ☐ Ammoniaque (NH_4)
- ☐ Nitrite (NO_2)

- ☐ PH :
- ☐ Nettoyage filtration :
- ☐ Changement filtration :

- ☐ Nettoyage des vitres :
- ☐ Nettoyage de la décoration :
- ☐ Éclairage :

Notes
★ ——————————
★ ——————————
★ ——————————
★ ——————————
★ ——————————
★ ——————————

Notes
★ ——————————
★ ——————————
★ ——————————
★ ——————————
★ ——————————
★ ——————————

Le carnet d'entretien de mon aquarium

Mon univers

Ma Passion

Date : ....

Caractéristiques de mon aquarium

- ☐ Type d'aquarium :
- ☐ Volume :
- ☐ Type d'animaux :

- ☐ Alimentation :
- ☐ Prévention maladie :
- ☐ Traitement maladie :

- ☐ Ajout de nouveaux animaux :
- ☐ Types :
- ☐ Nombres :

- ☐ Plantes :
- ☐ Alimentation des plantes :
- ☐ Type de sable :

Entretien de mon aquarium

- ☐ Température :
- ☐ Changement de l'eau :
- ☐ Quantité :

- ☐ Ammonium (NH_3)
- ☐ Ammoniaque (NH_4)
- ☐ Nitrite (NO_2)

- ☐ PH :
- ☐ Nettoyage filtration :
- ☐ Changement filtration :

- ☐ Nettoyage des vitres :
- ☐ Nettoyage de la décoration :
- ☐ Éclairage :

Notes
★ _____
★ _____
★ _____
★ _____
★ _____
★ _____

Notes
★ _____
★ _____
★ _____
★ _____
★ _____
★ _____

Le carnet d'entretien de mon aquarium

Date : ....

Caractéristiques de mon aquarium

- ☐ Type d'aquarium :
- ☐ Volume :
- ☐ Type d'animaux :

- ☐ Alimentation :
- ☐ Prévention maladie :
- ☐ Traitement maladie :

- ☐ Ajout de nouveaux animaux :
- ☐ Types :
- ☐ Nombres :

- ☐ Plantes :
- ☐ Alimentation des plantes :
- ☐ Type de sable :

Entretien de mon aquarium

- ☐ Température :
- ☐ Changement de l'eau :
- ☐ Quantité :

- ☐ Ammonium (NH_3)
- ☐ Ammoniaque (NH_4)
- ☐ Nitrite (NO_2)

- ☐ PH :
- ☐ Nettoyage filtration :
- ☐ Changement filtration :

- ☐ Nettoyage des vitres :
- ☐ Nettoyage de la décoration :
- ☐ Éclairage :

Notes

★ _____
★ _____
★ _____
★ _____
★ _____
★ _____

Notes

★ _____
★ _____
★ _____
★ _____
★ _____
★ _____

Le carnet d'entretien de mon aquarium

Mon univers

Ma Passion

Date : ....

Caractéristiques de mon aquarium

- ☐ Type d'aquarium :
- ☐ Volume :
- ☐ Type d'animaux :

- ☐ Alimentation :
- ☐ Prévention maladie :
- ☐ Traitement maladie :

- ☐ Ajout de nouveaux animaux :
- ☐ Types :
- ☐ Nombres :

- ☐ Plantes :
- ☐ Alimentation des plantes :
- ☐ Type de sable :

Entretien de mon aquarium

- ☐ Température :
- ☐ Changement de l'eau :
- ☐ Quantité :

- ☐ Ammonium (NH_3)
- ☐ Ammoniaque (NH_4)
- ☐ Nitrite (NO_2)

- ☐ PH :
- ☐ Nettoyage filtration :
- ☐ Changement filtration :

- ☐ Nettoyage des vitres :
- ☐ Nettoyage de la décoration :
- ☐ Éclairage :

Notes

- ★ _____
- ★ _____
- ★ _____
- ★ _____
- ★ _____
- ★ _____

Notes

- ★ _____
- ★ _____
- ★ _____
- ★ _____
- ★ _____
- ★ _____

Le carnet d'entretien de mon aquarium

Date : ....

Caractéristiques de mon aquarium

- ☐ Type d'aquarium :
- ☐ Volume :
- ☐ Type d'animaux :

- ☐ Alimentation :
- ☐ Prévention maladie :
- ☐ Traitement maladie :

- ☐ Ajout de nouveaux animaux :
- ☐ Types :
- ☐ Nombres :

- ☐ Plantes :
- ☐ Alimentation des plantes :
- ☐ Type de sable :

Entretien de mon aquarium

- ☐ Température :
- ☐ Changement de l'eau :
- ☐ Quantité :

- ☐ Ammonium (NH_3)
- ☐ Ammoniaque (NH_4)
- ☐ Nitrite (NO_2)

- ☐ PH :
- ☐ Nettoyage filtration :
- ☐ Changement filtration :

- ☐ Nettoyage des vitres :
- ☐ Nettoyage de la décoration :
- ☐ Éclairage :

Notes

★ ──────────
★ ──────────
★ ──────────
★ ──────────
★ ──────────
★ ──────────

Notes

★ ──────────
★ ──────────
★ ──────────
★ ──────────
★ ──────────
★ ──────────

Le carnet d'entretien de mon aquarium

Date : ....

Caractéristiques de mon aquarium

- ☐ Type d'aquarium :
- ☐ Volume :
- ☐ Type d'animaux :

- ☐ Alimentation :
- ☐ Prévention maladie :
- ☐ Traitement maladie :

- ☐ Ajout de nouveaux animaux :
- ☐ Types :
- ☐ Nombres :

- ☐ Plantes :
- ☐ Alimentation des plantes :
- ☐ Type de sable :

Entretien de mon aquarium

- ☐ Température :
- ☐ Changement de l'eau :
- ☐ Quantité :

- ☐ Ammonium (NH_3)
- ☐ Ammoniaque (NH_4)
- ☐ Nitrite (NO_2)

- ☐ PH :
- ☐ Nettoyage filtration :
- ☐ Changement filtration :

- ☐ Nettoyage des vitres :
- ☐ Nettoyage de la décoration :
- ☐ Éclairage :

Notes

★ ───────────────
★ ───────────────
★ ───────────────
★ ───────────────
★ ───────────────
★ ───────────────

Notes

★ ───────────────
★ ───────────────
★ ───────────────
★ ───────────────
★ ───────────────
★ ───────────────

Le carnet d'entretien de mon aquarium

Date : ....

Caractéristiques de mon aquarium

- ☐ Type d'aquarium : _____
- ☐ Volume : _____
- ☐ Type d'animaux : _____

- ☐ Alimentation : _____
- ☐ Prévention maladie : _____
- ☐ Traitement maladie : _____

- ☐ Ajout de nouveaux animaux : _____
- ☐ Types : _____
- ☐ Nombres : _____

- ☐ Plantes : _____
- ☐ Alimentation des plantes : _____
- ☐ Type de sable : _____

Entretien de mon aquarium

- ☐ Température : _____
- ☐ Changement de l'eau : _____
- ☐ Quantité : _____

- ☐ Ammonium (NH_3) _____
- ☐ Ammoniaque (NH_4) _____
- ☐ Nitrite (NO_2) _____

- ☐ PH : _____
- ☐ Nettoyage filtration : _____
- ☐ Changement filtration : _____

- ☐ Nettoyage des vitres : _____
- ☐ Nettoyage de la décoration : _____
- ☐ Éclairage : _____

Notes
- ★ _____
- ★ _____
- ★ _____
- ★ _____
- ★ _____
- ★ _____

Notes
- ★ _____
- ★ _____
- ★ _____
- ★ _____
- ★ _____
- ★ _____

Le carnet d'entretien de mon aquarium

Date : ....

Caractéristiques de mon aquarium

- ☐ Type d'aquarium :
- ☐ Volume :
- ☐ Type d'animaux :

- ☐ Alimentation :
- ☐ Prévention maladie :
- ☐ Traitement maladie :

- ☐ Ajout de nouveaux animaux :
- ☐ Types :
- ☐ Nombres :

- ☐ Plantes :
- ☐ Alimentation des plantes :
- ☐ Type de sable :

Entretien de mon aquarium

- ☐ Température :
- ☐ Changement de l'eau :
- ☐ Quantité :

- ☐ Ammonium (NH_3)
- ☐ Ammoniaque (NH_4)
- ☐ Nitrite (NO_2)

- ☐ PH :
- ☐ Nettoyage filtration :
- ☐ Changement filtration :

- ☐ Nettoyage des vitres :
- ☐ Nettoyage de la décoration :
- ☐ Éclairage :

Notes
★ ──────────────
★ ──────────────
★ ──────────────
★ ──────────────
★ ──────────────
★ ──────────────

Notes
★ ──────────────
★ ──────────────
★ ──────────────
★ ──────────────
★ ──────────────
★ ──────────────

Le carnet d'entretien de mon aquarium

Date : ....

Caractéristiques de mon aquarium

- ☐ Type d'aquarium :
- ☐ Volume :
- ☐ Type d'animaux :

- ☐ Alimentation :
- ☐ Prévention maladie :
- ☐ Traitement maladie :

- ☐ Ajout de nouveaux animaux :
- ☐ Types :
- ☐ Nombres :

- ☐ Plantes :
- ☐ Alimentation des plantes :
- ☐ Type de sable :

Entretien de mon aquarium

- ☐ Température :
- ☐ Changement de l'eau :
- ☐ Quantité :

- ☐ Ammonium (NH_3)
- ☐ Ammoniaque (NH_4)
- ☐ Nitrite (NO_2)

- ☐ PH :
- ☐ Nettoyage filtration :
- ☐ Changement filtration :

- ☐ Nettoyage des vitres :
- ☐ Nettoyage de la décoration :
- ☐ Éclairage :

Notes

★ ―――――――
★ ―――――――
★ ―――――――
★ ―――――――
★ ―――――――
★ ―――――――

Notes

★ ―――――――
★ ―――――――
★ ―――――――
★ ―――――――
★ ―――――――
★ ―――――――

Le carnet d'entretien de mon aquarium

Date : ....

Caractéristiques de mon aquarium

- ☐ Type d'aquarium :
- ☐ Volume :
- ☐ Type d'animaux :

- ☐ Alimentation :
- ☐ Prévention maladie :
- ☐ Traitement maladie :

- ☐ Ajout de nouveaux animaux :
- ☐ Types :
- ☐ Nombres :

- ☐ Plantes :
- ☐ Alimentation des plantes :
- ☐ Type de sable :

Entretien de mon aquarium

- ☐ Température :
- ☐ Changement de l'eau :
- ☐ Quantité :

- ☐ Ammonium (NH_3)
- ☐ Ammoniaque (NH_4)
- ☐ Nitrite (NO_2)

- ☐ PH :
- ☐ Nettoyage filtration :
- ☐ Changement filtration :

- ☐ Nettoyage des vitres :
- ☐ Nettoyage de la décoration :
- ☐ Éclairage :

Notes
★ _____
★ _____
★ _____
★ _____
★ _____
★ _____

Notes
★ _____
★ _____
★ _____
★ _____
★ _____
★ _____

Le carnet d'entretien de mon aquarium

Date : ....

Caractéristiques de mon aquarium

- ☐ Type d'aquarium :
- ☐ Volume :
- ☐ Type d'animaux :

- ☐ Alimentation :
- ☐ Prévention maladie :
- ☐ Traitement maladie :

- ☐ Ajout de nouveaux animaux :
- ☐ Types :
- ☐ Nombres :

- ☐ Plantes :
- ☐ Alimentation des plantes :
- ☐ Type de sable :

Entretien de mon aquarium

- ☐ Température :
- ☐ Changement de l'eau :
- ☐ Quantité :

- ☐ Ammonium (NH_3)
- ☐ Ammoniaque (NH_4)
- ☐ Nitrite (NO_2)

- ☐ PH :
- ☐ Nettoyage filtration :
- ☐ Changement filtration :

- ☐ Nettoyage des vitres :
- ☐ Nettoyage de la décoration :
- ☐ Éclairage :

Notes

★ ―――――――――――――
★ ―――――――――――――
★ ―――――――――――――
★ ―――――――――――――
★ ―――――――――――――
★ ―――――――――――――

Notes

★ ―――――――――――――
★ ―――――――――――――
★ ―――――――――――――
★ ―――――――――――――
★ ―――――――――――――
★ ―――――――――――――

Le carnet d'entretien de mon aquarium

Date : ....

Caractéristiques de mon aquarium

- ☐ Type d'aquarium :
- ☐ Volume :
- ☐ Type d'animaux :

- ☐ Alimentation :
- ☐ Prévention maladie :
- ☐ Traitement maladie :

- ☐ Ajout de nouveaux animaux :
- ☐ Types :
- ☐ Nombres :

- ☐ Plantes :
- ☐ Alimentation des plantes :
- ☐ Type de sable :

Entretien de mon aquarium

- ☐ Température :
- ☐ Changement de l'eau :
- ☐ Quantité :

- ☐ Ammonium (NH_3)
- ☐ Ammoniaque (NH_4)
- ☐ Nitrite (NO_2)

- ☐ PH :
- ☐ Nettoyage filtration :
- ☐ Changement filtration :

- ☐ Nettoyage des vitres :
- ☐ Nettoyage de la décoration :
- ☐ Éclairage :

Notes
★ _____
★ _____
★ _____
★ _____
★ _____
★ _____

Notes
★ _____
★ _____
★ _____
★ _____
★ _____
★ _____

Le carnet d'entretien de mon aquarium

Date : ....

Caractéristiques de mon aquarium

- ☐ Type d'aquarium :
- ☐ Volume :
- ☐ Type d'animaux :

- ☐ Alimentation :
- ☐ Prévention maladie :
- ☐ Traitement maladie :

- ☐ Ajout de nouveaux animaux :
- ☐ Types :
- ☐ Nombres :

- ☐ Plantes :
- ☐ Alimentation des plantes :
- ☐ Type de sable :

Entretien de mon aquarium

- ☐ Température :
- ☐ Changement de l'eau :
- ☐ Quantité :

- ☐ Ammonium (NH_3)
- ☐ Ammoniaque (NH_4)
- ☐ Nitrite (NO_2)

- ☐ PH :
- ☐ Nettoyage filtration :
- ☐ Changement filtration :

- ☐ Nettoyage des vitres :
- ☐ Nettoyage de la décoration :
- ☐ Éclairage :

Notes

- ★ _____
- ★ _____
- ★ _____
- ★ _____
- ★ _____
- ★ _____

Notes

- ★ _____
- ★ _____
- ★ _____
- ★ _____
- ★ _____
- ★ _____

Le carnet d'entretien de mon aquarium

Date : ....

Caractéristiques de mon aquarium

- ☐ Type d'aquarium :
- ☐ Volume :
- ☐ Type d'animaux :

- ☐ Alimentation :
- ☐ Prévention maladie :
- ☐ Traitement maladie :

- ☐ Ajout de nouveaux animaux :
- ☐ Types :
- ☐ Nombres :

- ☐ Plantes :
- ☐ Alimentation des plantes :
- ☐ Type de sable :

Entretien de mon aquarium

- ☐ Température :
- ☐ Changement de l'eau :
- ☐ Quantité :

- ☐ Ammonium (NH_3)
- ☐ Ammoniaque (NH_4)
- ☐ Nitrite (NO_2)

- ☐ PH :
- ☐ Nettoyage filtration :
- ☐ Changement filtration :

- ☐ Nettoyage des vitres :
- ☐ Nettoyage de la décoration :
- ☐ Éclairage :

Notes
★ _____
★ _____
★ _____
★ _____
★ _____
★ _____

Notes
★ _____
★ _____
★ _____
★ _____
★ _____
★ _____

Le carnet d'entretien de mon aquarium

Date : ....

Caractéristiques de mon aquarium

- ☐ Type d'aquarium :
- ☐ Volume :
- ☐ Type d'animaux :

- ☐ Alimentation :
- ☐ Prévention maladie :
- ☐ Traitement maladie :

- ☐ Ajout de nouveaux animaux :
- ☐ Types :
- ☐ Nombres :

- ☐ Plantes :
- ☐ Alimentation des plantes :
- ☐ Type de sable :

Entretien de mon aquarium

- ☐ Température :
- ☐ Changement de l'eau :
- ☐ Quantité :

- ☐ Ammonium (NH_3)
- ☐ Ammoniaque (NH_4)
- ☐ Nitrite (NO_2)

- ☐ PH :
- ☐ Nettoyage filtration :
- ☐ Changement filtration :

- ☐ Nettoyage des vitres :
- ☐ Nettoyage de la décoration :
- ☐ Éclairage :

Notes

★ ——————
★ ——————
★ ——————
★ ——————
★ ——————
★ ——————

Notes

★ ——————
★ ——————
★ ——————
★ ——————
★ ——————
★ ——————

Le carnet d'entretien de mon aquarium

Date : ....

Caractéristiques de mon aquarium

- ☐ Type d'aquarium :
- ☐ Volume :
- ☐ Type d'animaux :

- ☐ Alimentation :
- ☐ Prévention maladie :
- ☐ Traitement maladie :

- ☐ Ajout de nouveaux animaux :
- ☐ Types :
- ☐ Nombres :

- ☐ Plantes :
- ☐ Alimentation des plantes :
- ☐ Type de sable :

Entretien de mon aquarium

- ☐ Température :
- ☐ Changement de l'eau :
- ☐ Quantité :

- ☐ Ammonium (NH_3)
- ☐ Ammoniaque (NH_4)
- ☐ Nitrite (NO_2)

- ☐ PH :
- ☐ Nettoyage filtration :
- ☐ Changement filtration :

- ☐ Nettoyage des vitres :
- ☐ Nettoyage de la décoration :
- ☐ Éclairage :

Notes

★ _____
★ _____
★ _____
★ _____
★ _____
★ _____

Notes

★ _____
★ _____
★ _____
★ _____
★ _____
★ _____

Le carnet d'entretien de mon aquarium

Date : ....

Caractéristiques de mon aquarium

- ☐ Type d'aquarium :
- ☐ Volume :
- ☐ Type d'animaux :

- ☐ Alimentation :
- ☐ Prévention maladie :
- ☐ Traitement maladie :

- ☐ Ajout de nouveaux animaux :
- ☐ Types :
- ☐ Nombres :

- ☐ Plantes :
- ☐ Alimentation des plantes :
- ☐ Type de sable :

Entretien de mon aquarium

- ☐ Température :
- ☐ Changement de l'eau :
- ☐ Quantité :

- ☐ Ammonium (NH_3)
- ☐ Ammoniaque (NH_4)
- ☐ Nitrite (NO_2)

- ☐ PH :
- ☐ Nettoyage filtration :
- ☐ Changement filtration :

- ☐ Nettoyage des vitres :
- ☐ Nettoyage de la décoration :
- ☐ Éclairage :

Notes
★ ———————————
★ ———————————
★ ———————————
★ ———————————
★ ———————————
★ ———————————

Notes
★ ———————————
★ ———————————
★ ———————————
★ ———————————
★ ———————————
★ ———————————

Le carnet d'entretien de mon aquarium

Date : ....

Caractéristiques de mon aquarium

- ☐ Type d'aquarium :
- ☐ Volume :
- ☐ Type d'animaux :

- ☐ Alimentation :
- ☐ Prévention maladie :
- ☐ Traitement maladie :

- ☐ Ajout de nouveaux animaux :
- ☐ Types :
- ☐ Nombres :

- ☐ Plantes :
- ☐ Alimentation des plantes :
- ☐ Type de sable :

Entretien de mon aquarium

- ☐ Température :
- ☐ Changement de l'eau :
- ☐ Quantité :

- ☐ Ammonium (NH_3)
- ☐ Ammoniaque (NH_4)
- ☐ Nitrite (NO_2)

- ☐ PH :
- ☐ Nettoyage filtration :
- ☐ Changement filtration :

- ☐ Nettoyage des vitres :
- ☐ Nettoyage de la décoration :
- ☐ Éclairage :

Notes
- ★ _____
- ★ _____
- ★ _____
- ★ _____
- ★ _____
- ★ _____

Notes
- ★ _____
- ★ _____
- ★ _____
- ★ _____
- ★ _____
- ★ _____

Le carnet d'entretien de mon aquarium

Date : ....

Caractéristiques de mon aquarium

- ☐ Type d'aquarium :
- ☐ Volume :
- ☐ Type d'animaux :
- ☐ Alimentation :
- ☐ Prévention maladie :
- ☐ Traitement maladie :
- ☐ Ajout de nouveaux animaux :
- ☐ Types :
- ☐ Nombres :
- ☐ Plantes :
- ☐ Alimentation des plantes :
- ☐ Type de sable :

Entretien de mon aquarium

- ☐ Température :
- ☐ Changement de l'eau :
- ☐ Quantité :
- ☐ Ammonium (NH_3)
- ☐ Ammoniaque (NH_4)
- ☐ Nitrite (NO_2)
- ☐ PH :
- ☐ Nettoyage filtration :
- ☐ Changement filtration :
- ☐ Nettoyage des vitres :
- ☐ Nettoyage de la décoration :
- ☐ Éclairage :

Notes

★ _____
★ _____
★ _____
★ _____
★ _____
★ _____

Notes

★ _____
★ _____
★ _____
★ _____
★ _____
★ _____

Le carnet d'entretien de mon aquarium

Mon univers

Ma Passion

Date : ....

Caractéristiques de mon aquarium

- ☐ Type d'aquarium :
- ☐ Volume :
- ☐ Type d'animaux :

- ☐ Alimentation :
- ☐ Prévention maladie :
- ☐ Traitement maladie :

- ☐ Ajout de nouveaux animaux :
- ☐ Types :
- ☐ Nombres :

- ☐ Plantes :
- ☐ Alimentation des plantes :
- ☐ Type de sable :

Entretien de mon aquarium

- ☐ Température :
- ☐ Changement de l'eau :
- ☐ Quantité :

- ☐ Ammonium (NH_3)
- ☐ Ammoniaque (NH_4)
- ☐ Nitrite (NO_2)

- ☐ PH :
- ☐ Nettoyage filtration :
- ☐ Changement filtration :

- ☐ Nettoyage des vitres :
- ☐ Nettoyage de la décoration :
- ☐ Éclairage :

Notes
★ _____
★ _____
★ _____
★ _____
★ _____

Notes
★ _____
★ _____
★ _____
★ _____
★ _____

Le carnet d'entretien de mon aquarium

Date : ....

Caractéristiques de mon aquarium

- ☐ Type d'aquarium :
- ☐ Volume :
- ☐ Type d'animaux :
- ☐ Alimentation :
- ☐ Prévention maladie :
- ☐ Traitement maladie :
- ☐ Ajout de nouveaux animaux :
- ☐ Types :
- ☐ Nombres :
- ☐ Plantes :
- ☐ Alimentation des plantes :
- ☐ Type de sable :

Entretien de mon aquarium

- ☐ Température :
- ☐ Changement de l'eau :
- ☐ Quantité :
- ☐ Ammonium (NH_3)
- ☐ Ammoniaque (NH_4)
- ☐ Nitrite (NO_2)
- ☐ PH :
- ☐ Nettoyage filtration :
- ☐ Changement filtration :
- ☐ Nettoyage des vitres :
- ☐ Nettoyage de la décoration :
- ☐ Éclairage :

Notes
★ ——————
★ ——————
★ ——————
★ ——————
★ ——————
★ ——————

Notes
★ ——————
★ ——————
★ ——————
★ ——————
★ ——————
★ ——————

Le carnet d'entretien de mon aquarium

Date : ....

Caractéristiques de mon aquarium

- ☐ Type d'aquarium :
- ☐ Volume :
- ☐ Type d'animaux :

- ☐ Alimentation :
- ☐ Prévention maladie :
- ☐ Traitement maladie :

- ☐ Ajout de nouveaux animaux :
- ☐ Types :
- ☐ Nombres :

- ☐ Plantes :
- ☐ Alimentation des plantes :
- ☐ Type de sable :

Entretien de mon aquarium

- ☐ Température :
- ☐ Changement de l'eau :
- ☐ Quantité :

- ☐ Ammonium (NH_3)
- ☐ Ammoniaque (NH_4)
- ☐ Nitrite (NO_2)

- ☐ PH :
- ☐ Nettoyage filtration :
- ☐ Changement filtration :

- ☐ Nettoyage des vitres :
- ☐ Nettoyage de la décoration :
- ☐ Éclairage :

Notes
- ★ _____
- ★ _____
- ★ _____
- ★ _____
- ★ _____
- ★ _____

Notes
- ★ _____
- ★ _____
- ★ _____
- ★ _____
- ★ _____
- ★ _____

Le carnet d'entretien de mon aquarium

Date : ....

Caractéristiques de mon aquarium

- ☐ Type d'aquarium :
- ☐ Volume :
- ☐ Type d'animaux :

- ☐ Alimentation :
- ☐ Prévention maladie :
- ☐ Traitement maladie :

- ☐ Ajout de nouveaux animaux :
- ☐ Types :
- ☐ Nombres :

- ☐ Plantes :
- ☐ Alimentation des plantes :
- ☐ Type de sable :

Entretien de mon aquarium

- ☐ Température :
- ☐ Changement de l'eau :
- ☐ Quantité :

- ☐ Ammonium (NH_3)
- ☐ Ammoniaque (NH_4)
- ☐ Nitrite (NO_2)

- ☐ PH :
- ☐ Nettoyage filtration :
- ☐ Changement filtration :

- ☐ Nettoyage des vitres :
- ☐ Nettoyage de la décoration :
- ☐ Éclairage :

Notes

★ _____
★ _____
★ _____
★ _____
★ _____
★ _____

Notes

★ _____
★ _____
★ _____
★ _____
★ _____
★ _____

Le carnet d'entretien de mon aquarium

Date : ....

Caractéristiques de mon aquarium

- ☐ Type d'aquarium :
- ☐ Volume :
- ☐ Type d'animaux :

- ☐ Alimentation :
- ☐ Prévention maladie :
- ☐ Traitement maladie :

- ☐ Ajout de nouveaux animaux :
- ☐ Types :
- ☐ Nombres :

- ☐ Plantes :
- ☐ Alimentation des plantes :
- ☐ Type de sable :

Entretien de mon aquarium

- ☐ Température :
- ☐ Changement de l'eau :
- ☐ Quantité :

- ☐ Ammonium (NH_3)
- ☐ Ammoniaque (NH_4)
- ☐ Nitrite (NO_2)

- ☐ PH :
- ☐ Nettoyage filtration :
- ☐ Changement filtration :

- ☐ Nettoyage des vitres :
- ☐ Nettoyage de la décoration :
- ☐ Éclairage :

Notes
- ★ _____
- ★ _____
- ★ _____
- ★ _____
- ★ _____
- ★ _____

Notes
- ★ _____
- ★ _____
- ★ _____
- ★ _____
- ★ _____
- ★ _____

Le carnet d'entretien de mon aquarium

Mon univers

Ma Passion

Date : ....

Caractéristiques de mon aquarium

- ☐ Type d'aquarium :
- ☐ Volume :
- ☐ Type d'animaux :

- ☐ Alimentation :
- ☐ Prévention maladie :
- ☐ Traitement maladie :

- ☐ Ajout de nouveaux animaux :
- ☐ Types :
- ☐ Nombres :

- ☐ Plantes :
- ☐ Alimentation des plantes :
- ☐ Type de sable :

Entretien de mon aquarium

- ☐ Température :
- ☐ Changement de l'eau :
- ☐ Quantité :

- ☐ Ammonium (NH_3)
- ☐ Ammoniaque (NH_4)
- ☐ Nitrite (NO_2)

- ☐ PH :
- ☐ Nettoyage filtration :
- ☐ Changement filtration :

- ☐ Nettoyage des vitres :
- ☐ Nettoyage de la décoration :
- ☐ Éclairage :

Notes

★ ——————————————
★ ——————————————
★ ——————————————
★ ——————————————
★ ——————————————
★ ——————————————

Notes

★ ——————————————
★ ——————————————
★ ——————————————
★ ——————————————
★ ——————————————
★ ——————————————

Le carnet d'entretien de mon aquarium

Date : ....

Caractéristiques de mon aquarium

- ☐ Type d'aquarium :
- ☐ Volume :
- ☐ Type d'animaux :

- ☐ Alimentation :
- ☐ Prévention maladie :
- ☐ Traitement maladie :

- ☐ Ajout de nouveaux animaux :
- ☐ Types :
- ☐ Nombres :

- ☐ Plantes :
- ☐ Alimentation des plantes :
- ☐ Type de sable :

Entretien de mon aquarium

- ☐ Température :
- ☐ Changement de l'eau :
- ☐ Quantité :

- ☐ Ammonium (NH_3)
- ☐ Ammoniaque (NH_4)
- ☐ Nitrite (NO_2)

- ☐ PH :
- ☐ Nettoyage filtration :
- ☐ Changement filtration :

- ☐ Nettoyage des vitres :
- ☐ Nettoyage de la décoration :
- ☐ Éclairage :

Notes

- ★ _____
- ★ _____
- ★ _____
- ★ _____
- ★ _____
- ★ _____

Notes

- ★ _____
- ★ _____
- ★ _____
- ★ _____
- ★ _____
- ★ _____

Le carnet d'entretien de mon aquarium

Mon univers

Ma Passion

Date : ....

Caractéristiques de mon aquarium

- ☐ Type d'aquarium :
- ☐ Volume :
- ☐ Type d'animaux :

- ☐ Alimentation :
- ☐ Prévention maladie :
- ☐ Traitement maladie :

- ☐ Ajout de nouveaux animaux :
- ☐ Types :
- ☐ Nombres :

- ☐ Plantes :
- ☐ Alimentation des plantes :
- ☐ Type de sable :

Entretien de mon aquarium

- ☐ Température :
- ☐ Changement de l'eau :
- ☐ Quantité :

- ☐ Ammonium (NH_3)
- ☐ Ammoniaque (NH_4)
- ☐ Nitrite (NO_2)

- ☐ PH :
- ☐ Nettoyage filtration :
- ☐ Changement filtration :

- ☐ Nettoyage des vitres :
- ☐ Nettoyage de la décoration :
- ☐ Éclairage :

Notes
★ ——————————
★ ——————————
★ ——————————
★ ——————————
★ ——————————
★ ——————————

Notes
★ ——————————
★ ——————————
★ ——————————
★ ——————————
★ ——————————
★ ——————————

Le carnet d'entretien de mon aquarium

Date : ....

Caractéristiques de mon aquarium

- ☐ Type d'aquarium :
- ☐ Volume :
- ☐ Type d'animaux :

- ☐ Alimentation :
- ☐ Prévention maladie :
- ☐ Traitement maladie :

- ☐ Ajout de nouveaux animaux :
- ☐ Types :
- ☐ Nombres :

- ☐ Plantes :
- ☐ Alimentation des plantes :
- ☐ Type de sable :

Entretien de mon aquarium

- ☐ Température :
- ☐ Changement de l'eau :
- ☐ Quantité :

- ☐ Ammonium (NH_3)
- ☐ Ammoniaque (NH_4)
- ☐ Nitrite (NO_2)

- ☐ PH :
- ☐ Nettoyage filtration :
- ☐ Changement filtration :

- ☐ Nettoyage des vitres :
- ☐ Nettoyage de la décoration :
- ☐ Éclairage :

Notes

★ _____
★ _____
★ _____
★ _____
★ _____
★ _____

Notes

★ _____
★ _____
★ _____
★ _____
★ _____
★ _____

Le carnet d'entretien de mon aquarium

Date : ....

Caractéristiques de mon aquarium

- ☐ Type d'aquarium :
- ☐ Volume :
- ☐ Type d'animaux :
- ☐ Alimentation :
- ☐ Prévention maladie :
- ☐ Traitement maladie :
- ☐ Ajout de nouveaux animaux :
- ☐ Types :
- ☐ Nombres :
- ☐ Plantes :
- ☐ Alimentation des plantes :
- ☐ Type de sable :

Entretien de mon aquarium

- ☐ Température :
- ☐ Changement de l'eau :
- ☐ Quantité :
- ☐ Ammonium (NH_3) :
- ☐ Ammoniaque (NH_4) :
- ☐ Nitrite (NO_2) :
- ☐ PH :
- ☐ Nettoyage filtration :
- ☐ Changement filtration :
- ☐ Nettoyage des vitres :
- ☐ Nettoyage de la décoration :
- ☐ Éclairage :

Notes

★ ──────────────
★ ──────────────
★ ──────────────
★ ──────────────
★ ──────────────
★ ──────────────

Notes

★ ──────────────
★ ──────────────
★ ──────────────
★ ──────────────
★ ──────────────
★ ──────────────

Le carnet d'entretien de mon aquarium

Date : ....

Caractéristiques de mon aquarium

- ☐ Type d'aquarium :
- ☐ Volume :
- ☐ Type d'animaux :

- ☐ Alimentation :
- ☐ Prévention maladie :
- ☐ Traitement maladie :

- ☐ Ajout de nouveaux animaux :
- ☐ Types :
- ☐ Nombres :

- ☐ Plantes :
- ☐ Alimentation des plantes :
- ☐ Type de sable :

Entretien de mon aquarium

- ☐ Température :
- ☐ Changement de l'eau :
- ☐ Quantité :

- ☐ Ammonium (NH_3)
- ☐ Ammoniaque (NH_4)
- ☐ Nitrite (NO_2)

- ☐ PH :
- ☐ Nettoyage filtration :
- ☐ Changement filtration :

- ☐ Nettoyage des vitres :
- ☐ Nettoyage de la décoration :
- ☐ Éclairage :

Notes

★ ──────────────
★ ──────────────
★ ──────────────
★ ──────────────
★ ──────────────
★ ──────────────

Notes

★ ──────────────
★ ──────────────
★ ──────────────
★ ──────────────
★ ──────────────
★ ──────────────

Le carnet d'entretien de mon aquarium

Date : ....

Caractéristiques de mon aquarium

- ☐ Type d'aquarium :
- ☐ Volume :
- ☐ Type d'animaux :

- ☐ Alimentation :
- ☐ Prévention maladie :
- ☐ Traitement maladie :

- ☐ Ajout de nouveaux animaux :
- ☐ Types :
- ☐ Nombres :

- ☐ Plantes :
- ☐ Alimentation des plantes :
- ☐ Type de sable :

Entretien de mon aquarium

- ☐ Température :
- ☐ Changement de l'eau :
- ☐ Quantité :

- ☐ Ammonium (NH_3)
- ☐ Ammoniaque (NH_4)
- ☐ Nitrite (NO_2)

- ☐ PH :
- ☐ Nettoyage filtration :
- ☐ Changement filtration :

- ☐ Nettoyage des vitres :
- ☐ Nettoyage de la décoration :
- ☐ Éclairage :

Notes
★ ―――――――――――
★ ―――――――――――
★ ―――――――――――
★ ―――――――――――
★ ―――――――――――
★ ―――――――――――

Notes
★ ―――――――――――
★ ―――――――――――
★ ―――――――――――
★ ―――――――――――
★ ―――――――――――
★ ―――――――――――

Le carnet d'entretien de mon aquarium

Date : ....

Caractéristiques de mon aquarium

- ☐ Type d'aquarium :
- ☐ Volume :
- ☐ Type d'animaux :

- ☐ Alimentation :
- ☐ Prévention maladie :
- ☐ Traitement maladie :

- ☐ Ajout de nouveaux animaux :
- ☐ Types :
- ☐ Nombres :

- ☐ Plantes :
- ☐ Alimentation des plantes :
- ☐ Type de sable :

Entretien de mon aquarium

- ☐ Température :
- ☐ Changement de l'eau :
- ☐ Quantité :

- ☐ Ammonium (NH_3)
- ☐ Ammoniaque (NH_4)
- ☐ Nitrite (NO_2)

- ☐ PH :
- ☐ Nettoyage filtration :
- ☐ Changement filtration :

- ☐ Nettoyage des vitres :
- ☐ Nettoyage de la décoration :
- ☐ Éclairage :

Notes

- ★
- ★
- ★
- ★
- ★
- ★

Notes

- ★
- ★
- ★
- ★
- ★
- ★

Le carnet d'entretien de mon aquarium

Date : ....

Caractéristiques de mon aquarium

- ☐ Type d'aquarium :
- ☐ Volume :
- ☐ Type d'animaux :

- ☐ Alimentation :
- ☐ Prévention maladie :
- ☐ Traitement maladie :

- ☐ Ajout de nouveaux animaux :
- ☐ Types :
- ☐ Nombres :

- ☐ Plantes :
- ☐ Alimentation des plantes :
- ☐ Type de sable :

Entretien de mon aquarium

- ☐ Température :
- ☐ Changement de l'eau :
- ☐ Quantité :

- ☐ Ammonium (NH_3)
- ☐ Ammoniaque (NH_4)
- ☐ Nitrite (NO_2)
- ☐ PH :
- ☐ Nettoyage filtration :
- ☐ Changement filtration :

- ☐ Nettoyage des vitres :
- ☐ Nettoyage de la décoration :
- ☐ Éclairage :

Notes

- ★ _____
- ★ _____
- ★ _____
- ★ _____
- ★ _____
- ★ _____

Notes

- ★ _____
- ★ _____
- ★ _____
- ★ _____
- ★ _____
- ★ _____

Le carnet d'entretien de mon aquarium

Date : ....

Caractéristiques de mon aquarium

- ☐ Type d'aquarium :
- ☐ Volume :
- ☐ Type d'animaux :

- ☐ Alimentation :
- ☐ Prévention maladie :
- ☐ Traitement maladie :

- ☐ Ajout de nouveaux animaux :
- ☐ Types :
- ☐ Nombres :

- ☐ Plantes :
- ☐ Alimentation des plantes :
- ☐ Type de sable :

Entretien de mon aquarium

- ☐ Température :
- ☐ Changement de l'eau :
- ☐ Quantité :

- ☐ Ammonium (NH_3)
- ☐ Ammoniaque (NH_4)
- ☐ Nitrite (NO_2)

- ☐ PH :
- ☐ Nettoyage filtration :
- ☐ Changement filtration :

- ☐ Nettoyage des vitres :
- ☐ Nettoyage de la décoration :
- ☐ Éclairage :

Notes
- ★
- ★
- ★
- ★
- ★
- ★

Notes
- ★
- ★
- ★
- ★
- ★
- ★

Le carnet d'entretien de mon aquarium

Date : ....

Caractéristiques de mon aquarium

- ☐ Type d'aquarium :
- ☐ Volume :
- ☐ Type d'animaux :

- ☐ Alimentation :
- ☐ Prévention maladie :
- ☐ Traitement maladie :

- ☐ Ajout de nouveaux animaux :
- ☐ Types :
- ☐ Nombres :

- ☐ Plantes :
- ☐ Alimentation des plantes :
- ☐ Type de sable :

Entretien de mon aquarium

- ☐ Température :
- ☐ Changement de l'eau :
- ☐ Quantité :

- ☐ Ammonium (NH_3)
- ☐ Ammoniaque (NH_4)
- ☐ Nitrite (NO_2)

- ☐ PH :
- ☐ Nettoyage filtration :
- ☐ Changement filtration :

- ☐ Nettoyage des vitres :
- ☐ Nettoyage de la décoration :
- ☐ Éclairage :

Notes

★ ——————————
★ ——————————
★ ——————————
★ ——————————
★ ——————————
★ ——————————

Notes

★ ——————————
★ ——————————
★ ——————————
★ ——————————
★ ——————————
★ ——————————

Le carnet d'entretien de mon aquarium

Date : ....

Caractéristiques de mon aquarium

- ☐ Type d'aquarium :
- ☐ Volume :
- ☐ Type d'animaux :

- ☐ Alimentation :
- ☐ Prévention maladie :
- ☐ Traitement maladie :

- ☐ Ajout de nouveaux animaux :
- ☐ Types :
- ☐ Nombres :

- ☐ Plantes :
- ☐ Alimentation des plantes :
- ☐ Type de sable :

Entretien de mon aquarium

- ☐ Température :
- ☐ Changement de l'eau :
- ☐ Quantité :

- ☐ Ammonium (NH_3)
- ☐ Ammoniaque (NH_4)
- ☐ Nitrite (NO_2)

- ☐ PH :
- ☐ Nettoyage filtration :
- ☐ Changement filtration :

- ☐ Nettoyage des vitres :
- ☐ Nettoyage de la décoration :
- ☐ Éclairage :

Notes
- ★ _____
- ★ _____
- ★ _____
- ★ _____
- ★ _____
- ★ _____

Notes
- ★ _____
- ★ _____
- ★ _____
- ★ _____
- ★ _____
- ★ _____

Le carnet d'entretien de mon aquarium

Mon univers

Ma Passion

Date : ....

Caractéristiques de mon aquarium

- ☐ Type d'aquarium :
- ☐ Volume :
- ☐ Type d'animaux :
- ☐ Alimentation :
- ☐ Prévention maladie :
- ☐ Traitement maladie :
- ☐ Ajout de nouveaux animaux :
- ☐ Types :
- ☐ Nombres :
- ☐ Plantes :
- ☐ Alimentation des plantes :
- ☐ Type de sable :

Entretien de mon aquarium

- ☐ Température :
- ☐ Changement de l'eau :
- ☐ Quantité :
- ☐ Ammonium (NH_3)
- ☐ Ammoniaque (NH_4)
- ☐ Nitrite (NO_2)
- ☐ PH :
- ☐ Nettoyage filtration :
- ☐ Changement filtration :
- ☐ Nettoyage des vitres :
- ☐ Nettoyage de la décoration :
- ☐ Éclairage :

Notes

- ★ ─────────────
- ★ ─────────────
- ★ ─────────────
- ★ ─────────────
- ★ ─────────────
- ★ ─────────────

Notes

- ★ ─────────────
- ★ ─────────────
- ★ ─────────────
- ★ ─────────────
- ★ ─────────────
- ★ ─────────────

Le carnet d'entretien de mon aquarium

Mon univers

Ma Passion

Date : ....

Caractéristiques de mon aquarium

- ☐ Type d'aquarium :
- ☐ Volume :
- ☐ Type d'animaux :

- ☐ Alimentation :
- ☐ Prévention maladie :
- ☐ Traitement maladie :

- ☐ Ajout de nouveaux animaux :
- ☐ Types :
- ☐ Nombres :

- ☐ Plantes :
- ☐ Alimentation des plantes :
- ☐ Type de sable :

Entretien de mon aquarium

- ☐ Température :
- ☐ Changement de l'eau :
- ☐ Quantité :

- ☐ Ammonium (NH_3)
- ☐ Ammoniaque (NH_4)
- ☐ Nitrite (NO_2)

- ☐ PH :
- ☐ Nettoyage filtration :
- ☐ Changement filtration :

- ☐ Nettoyage des vitres :
- ☐ Nettoyage de la décoration :
- ☐ Éclairage :

Notes
- ★ _____
- ★ _____
- ★ _____
- ★ _____
- ★ _____
- ★ _____

Notes
- ★ _____
- ★ _____
- ★ _____
- ★ _____
- ★ _____
- ★ _____

Le carnet d'entretien de mon aquarium

Date : ....

Caractéristiques de mon aquarium

- ☐ Type d'aquarium :
- ☐ Volume :
- ☐ Type d'animaux :

- ☐ Alimentation :
- ☐ Prévention maladie :
- ☐ Traitement maladie :

- ☐ Ajout de nouveaux animaux :
- ☐ Types :
- ☐ Nombres :

- ☐ Plantes :
- ☐ Alimentation des plantes :
- ☐ Type de sable :

Entretien de mon aquarium

- ☐ Température :
- ☐ Changement de l'eau :
- ☐ Quantité :

- ☐ Ammonium (NH_3)
- ☐ Ammoniaque (NH_4)
- ☐ Nitrite (NO_2)

- ☐ PH :
- ☐ Nettoyage filtration :
- ☐ Changement filtration :

- ☐ Nettoyage des vitres :
- ☐ Nettoyage de la décoration :
- ☐ Éclairage :

Notes
★ _____
★ _____
★ _____
★ _____
★ _____
★ _____

Notes
★ _____
★ _____
★ _____
★ _____
★ _____
★ _____

Le carnet d'entretien de mon aquarium

Date : ....

Caractéristiques de mon aquarium

- ☐ Type d'aquarium :
- ☐ Volume :
- ☐ Type d'animaux :

- ☐ Alimentation :
- ☐ Prévention maladie :
- ☐ Traitement maladie :

- ☐ Ajout de nouveaux animaux :
- ☐ Types :
- ☐ Nombres :

- ☐ Plantes :
- ☐ Alimentation des plantes :
- ☐ Type de sable :

Entretien de mon aquarium

- ☐ Température :
- ☐ Changement de l'eau :
- ☐ Quantité :

- ☐ Ammonium (NH_3)
- ☐ Ammoniaque (NH_4)
- ☐ Nitrite (NO_2)

- ☐ PH :
- ☐ Nettoyage filtration :
- ☐ Changement filtration :

- ☐ Nettoyage des vitres :
- ☐ Nettoyage de la décoration :
- ☐ Éclairage :

Notes

- ★ ―――――――――――
- ★ ―――――――――――
- ★ ―――――――――――
- ★ ―――――――――――
- ★ ―――――――――――
- ★ ―――――――――――

Notes

- ★ ―――――――――――
- ★ ―――――――――――
- ★ ―――――――――――
- ★ ―――――――――――
- ★ ―――――――――――
- ★ ―――――――――――

Le carnet d'entretien de mon aquarium

Date : ....

Caractéristiques de mon aquarium

- ☐ Type d'aquarium :
- ☐ Volume :
- ☐ Type d'animaux :

- ☐ Alimentation :
- ☐ Prévention maladie :
- ☐ Traitement maladie :

- ☐ Ajout de nouveaux animaux :
- ☐ Types :
- ☐ Nombres :

- ☐ Plantes :
- ☐ Alimentation des plantes :
- ☐ Type de sable :

Entretien de mon aquarium

- ☐ Température :
- ☐ Changement de l'eau :
- ☐ Quantité :

- ☐ Ammonium (NH_3)
- ☐ Ammoniaque (NH_4)
- ☐ Nitrite (NO_2)

- ☐ PH :
- ☐ Nettoyage filtration :
- ☐ Changement filtration :

- ☐ Nettoyage des vitres :
- ☐ Nettoyage de la décoration :
- ☐ Éclairage :

Notes
- ★ _____
- ★ _____
- ★ _____
- ★ _____
- ★ _____
- ★ _____

Notes
- ★ _____
- ★ _____
- ★ _____
- ★ _____
- ★ _____
- ★ _____

Le carnet d'entretien de mon aquarium

Mon univers

Ma Passion

Date : ....

Caractéristiques de mon aquarium

- ☐ Type d'aquarium : _____
- ☐ Volume : _____
- ☐ Type d'animaux : _____

- ☐ Alimentation : _____
- ☐ Prévention maladie : _____
- ☐ Traitement maladie : _____

- ☐ Ajout de nouveaux animaux : _____
- ☐ Types : _____
- ☐ Nombres : _____

- ☐ Plantes : _____
- ☐ Alimentation des plantes : _____
- ☐ Type de sable : _____

Entretien de mon aquarium

- ☐ Température : _____
- ☐ Changement de l'eau : _____
- ☐ Quantité : _____

- ☐ Ammonium (NH_3)
- ☐ Ammoniaque (NH_4)
- ☐ Nitrite (NO_2)

- ☐ PH : _____
- ☐ Nettoyage filtration : _____
- ☐ Changement filtration : _____

- ☐ Nettoyage des vitres : _____
- ☐ Nettoyage de la décoration : _____
- ☐ Éclairage : _____

Notes
- ★ _____
- ★ _____
- ★ _____
- ★ _____
- ★ _____
- ★ _____

Notes
- ★ _____
- ★ _____
- ★ _____
- ★ _____
- ★ _____
- ★ _____

Le carnet d'entretien de mon aquarium

Date : ....

Caractéristiques de mon aquarium

- ☐ Type d'aquarium :
- ☐ Volume :
- ☐ Type d'animaux :

- ☐ Alimentation :
- ☐ Prévention maladie :
- ☐ Traitement maladie :

- ☐ Ajout de nouveaux animaux :
- ☐ Types :
- ☐ Nombres :

- ☐ Plantes :
- ☐ Alimentation des plantes :
- ☐ Type de sable :

Entretien de mon aquarium

- ☐ Température :
- ☐ Changement de l'eau :
- ☐ Quantité :
- ☐ Ammonium (NH_3)
- ☐ Ammoniaque (NH_4)
- ☐ Nitrite (NO_2)
- ☐ PH :
- ☐ Nettoyage filtration :
- ☐ Changement filtration :
- ☐ Nettoyage des vitres :
- ☐ Nettoyage de la décoration :
- ☐ Éclairage :

Notes

- ★ ————————
- ★ ————————
- ★ ————————
- ★ ————————
- ★ ————————
- ★ ————————

Notes

- ★ ————————
- ★ ————————
- ★ ————————
- ★ ————————
- ★ ————————
- ★ ————————

Le carnet d'entretien de mon aquarium

Mon univers

Ma Passion

Date : ....

Caractéristiques de mon aquarium

- ☐ Type d'aquarium :
- ☐ Volume :
- ☐ Type d'animaux :
- ☐ Alimentation :
- ☐ Prévention maladie :
- ☐ Traitement maladie :
- ☐ Ajout de nouveaux animaux :
- ☐ Types :
- ☐ Nombres :
- ☐ Plantes :
- ☐ Alimentation des plantes :
- ☐ Type de sable :

Entretien de mon aquarium

- ☐ Température :
- ☐ Changement de l'eau :
- ☐ Quantité :
- ☐ Ammonium (NH_3)
- ☐ Ammoniaque (NH_4)
- ☐ Nitrite (NO_2)
- ☐ PH :
- ☐ Nettoyage filtration :
- ☐ Changement filtration :
- ☐ Nettoyage des vitres :
- ☐ Nettoyage de la décoration :
- ☐ Éclairage :

Notes
★ ———
★ ———
★ ———
★ ———
★ ———
★ ———

Notes
★ ———
★ ———
★ ———
★ ———
★ ———
★ ———

Le carnet d'entretien de mon aquarium

Date : ....

Caractéristiques de mon aquarium

- ☐ Type d'aquarium :
- ☐ Volume :
- ☐ Type d'animaux :
- ☐ Alimentation :
- ☐ Prévention maladie :
- ☐ Traitement maladie :
- ☐ Ajout de nouveaux animaux :
- ☐ Types :
- ☐ Nombres :
- ☐ Plantes :
- ☐ Alimentation des plantes :
- ☐ Type de sable :

Entretien de mon aquarium

- ☐ Température :
- ☐ Changement de l'eau :
- ☐ Quantité :
- ☐ Ammonium (NH_3)
- ☐ Ammoniaque (NH_4)
- ☐ Nitrite (NO_2)
- ☐ PH :
- ☐ Nettoyage filtration :
- ☐ Changement filtration :
- ☐ Nettoyage des vitres :
- ☐ Nettoyage de la décoration :
- ☐ Éclairage :

Notes
- ★ _____
- ★ _____
- ★ _____
- ★ _____
- ★ _____
- ★ _____

Notes
- ★ _____
- ★ _____
- ★ _____
- ★ _____
- ★ _____
- ★ _____

Le carnet d'entretien de mon aquarium

Mon univers

Ma Passion

Date : ....

Caractéristiques de mon aquarium

- ☐ Type d'aquarium :
- ☐ Volume :
- ☐ Type d'animaux :

- ☐ Alimentation :
- ☐ Prévention maladie :
- ☐ Traitement maladie :

- ☐ Ajout de nouveaux animaux :
- ☐ Types :
- ☐ Nombres :

- ☐ Plantes :
- ☐ Alimentation des plantes :
- ☐ Type de sable :

Entretien de mon aquarium

- ☐ Température :
- ☐ Changement de l'eau :
- ☐ Quantité :

- ☐ Ammonium (NH_3)
- ☐ Ammoniaque (NH_4)
- ☐ Nitrite (NO_2)

- ☐ PH :
- ☐ Nettoyage filtration :
- ☐ Changement filtration :

- ☐ Nettoyage des vitres :
- ☐ Nettoyage de la décoration :
- ☐ Éclairage :

Notes

★ _____
★ _____
★ _____
★ _____
★ _____
★ _____

Notes

★ _____
★ _____
★ _____
★ _____
★ _____
★ _____

Le carnet d'entretien de mon aquarium

Date : ....

Caractéristiques de mon aquarium

- ☐ Type d'aquarium :
- ☐ Volume :
- ☐ Type d'animaux :

- ☐ Alimentation :
- ☐ Prévention maladie :
- ☐ Traitement maladie :

- ☐ Ajout de nouveaux animaux :
- ☐ Types :
- ☐ Nombres :

- ☐ Plantes :
- ☐ Alimentation des plantes :
- ☐ Type de sable :

Entretien de mon aquarium

- ☐ Température :
- ☐ Changement de l'eau :
- ☐ Quantité :

- ☐ Ammonium (NH_3)
- ☐ Ammoniaque (NH_4)
- ☐ Nitrite (NO_2)

- ☐ PH :
- ☐ Nettoyage filtration :
- ☐ Changement filtration :

- ☐ Nettoyage des vitres :
- ☐ Nettoyage de la décoration :
- ☐ Éclairage :

Notes
★ _____
★ _____
★ _____
★ _____
★ _____
★ _____

Notes
★ _____
★ _____
★ _____
★ _____
★ _____
★ _____

Le carnet d'entretien de mon aquarium

Date : ....

Caractéristiques de mon aquarium

- ☐ Type d'aquarium :
- ☐ Volume :
- ☐ Type d'animaux :

- ☐ Alimentation :
- ☐ Prévention maladie :
- ☐ Traitement maladie :

- ☐ Ajout de nouveaux animaux :
- ☐ Types :
- ☐ Nombres :

- ☐ Plantes :
- ☐ Alimentation des plantes :
- ☐ Type de sable :

Entretien de mon aquarium

- ☐ Température :
- ☐ Changement de l'eau :
- ☐ Quantité :

- ☐ Ammonium (NH_3)
- ☐ Ammoniaque (NH_4)
- ☐ Nitrite (NO_2)

- ☐ PH :
- ☐ Nettoyage filtration :
- ☐ Changement filtration :

- ☐ Nettoyage des vitres :
- ☐ Nettoyage de la décoration :
- ☐ Éclairage :

Notes

★ ──────────
★ ──────────
★ ──────────
★ ──────────
★ ──────────
★ ──────────

Notes

★ ──────────
★ ──────────
★ ──────────
★ ──────────
★ ──────────
★ ──────────

Le carnet d'entretien de mon aquarium

Mon univers

Ma Passion

Date : ....

Caractéristiques de mon aquarium

- ☐ Type d'aquarium :
- ☐ Volume :
- ☐ Type d'animaux :

- ☐ Alimentation :
- ☐ Prévention maladie :
- ☐ Traitement maladie :

- ☐ Ajout de nouveaux animaux :
- ☐ Types :
- ☐ Nombres :

- ☐ Plantes :
- ☐ Alimentation des plantes :
- ☐ Type de sable :

Entretien de mon aquarium

- ☐ Température :
- ☐ Changement de l'eau :
- ☐ Quantité :

- ☐ Ammonium (NH_3)
- ☐ Ammoniaque (NH_4)
- ☐ Nitrite (NO_2)

- ☐ PH :
- ☐ Nettoyage filtration :
- ☐ Changement filtration :

- ☐ Nettoyage des vitres :
- ☐ Nettoyage de la décoration :
- ☐ Éclairage :

Notes

★ ──────────
★ ──────────
★ ──────────
★ ──────────
★ ──────────
★ ──────────

Notes

★ ──────────
★ ──────────
★ ──────────
★ ──────────
★ ──────────
★ ──────────

Le carnet d'entretien de mon aquarium

Mon univers

Ma Passion

Date : ....

Caractéristiques de mon aquarium

- ☐ Type d'aquarium :
- ☐ Volume :
- ☐ Type d'animaux :

- ☐ Alimentation :
- ☐ Prévention maladie :
- ☐ Traitement maladie :

- ☐ Ajout de nouveaux animaux :
- ☐ Types :
- ☐ Nombres :

- ☐ Plantes :
- ☐ Alimentation des plantes :
- ☐ Type de sable :

Entretien de mon aquarium

- ☐ Température :
- ☐ Changement de l'eau :
- ☐ Quantité :

- ☐ Ammonium (NH_3)
- ☐ Ammoniaque (NH_4)
- ☐ Nitrite (NO_2)

- ☐ PH :
- ☐ Nettoyage filtration :
- ☐ Changement filtration :

- ☐ Nettoyage des vitres :
- ☐ Nettoyage de la décoration :
- ☐ Éclairage :

Notes

★ _____
★ _____
★ _____
★ _____
★ _____
★ _____

Notes

★ _____
★ _____
★ _____
★ _____
★ _____
★ _____

Le carnet d'entretien de mon aquarium

Date : ....

Caractéristiques de mon aquarium

- ☐ Type d'aquarium :
- ☐ Volume :
- ☐ Type d'animaux :

- ☐ Alimentation :
- ☐ Prévention maladie :
- ☐ Traitement maladie :

- ☐ Ajout de nouveaux animaux :
- ☐ Types :
- ☐ Nombres :

- ☐ Plantes :
- ☐ Alimentation des plantes :
- ☐ Type de sable :

Entretien de mon aquarium

- ☐ Température :
- ☐ Changement de l'eau :
- ☐ Quantité :

- ☐ Ammonium (NH_3)
- ☐ Ammoniaque (NH_4)
- ☐ Nitrite (NO_2)

- ☐ PH :
- ☐ Nettoyage filtration :
- ☐ Changement filtration :

- ☐ Nettoyage des vitres :
- ☐ Nettoyage de la décoration :
- ☐ Éclairage :

Notes

★ _____
★ _____
★ _____
★ _____
★ _____
★ _____

Notes

★ _____
★ _____
★ _____
★ _____
★ _____
★ _____

Le carnet d'entretien de mon aquarium

Date : ....

Caractéristiques de mon aquarium

- ☐ Type d'aquarium :
- ☐ Volume :
- ☐ Type d'animaux :

- ☐ Alimentation :
- ☐ Prévention maladie :
- ☐ Traitement maladie :

- ☐ Ajout de nouveaux animaux :
- ☐ Types :
- ☐ Nombres :

- ☐ Plantes :
- ☐ Alimentation des plantes :
- ☐ Type de sable :

Entretien de mon aquarium

- ☐ Température :
- ☐ Changement de l'eau :
- ☐ Quantité :

- ☐ Ammonium (NH_3)
- ☐ Ammoniaque (NH_4)
- ☐ Nitrite (NO_2)

- ☐ PH :
- ☐ Nettoyage filtration :
- ☐ Changement filtration :

- ☐ Nettoyage des vitres :
- ☐ Nettoyage de la décoration :
- ☐ Éclairage :

Notes

★ _____
★ _____
★ _____
★ _____
★ _____
★ _____

Notes

★ _____
★ _____
★ _____
★ _____
★ _____
★ _____

Le carnet d'entretien de mon aquarium

Mon univers

Ma Passion

Date : ....

Caractéristiques de mon aquarium

- ☐ Type d'aquarium :
- ☐ Volume :
- ☐ Type d'animaux :

- ☐ Alimentation :
- ☐ Prévention maladie :
- ☐ Traitement maladie :

- ☐ Ajout de nouveaux animaux :
- ☐ Types :
- ☐ Nombres :

- ☐ Plantes :
- ☐ Alimentation des plantes :
- ☐ Type de sable :

Entretien de mon aquarium

- ☐ Température :
- ☐ Changement de l'eau :
- ☐ Quantité :

- ☐ Ammonium (NH_3)
- ☐ Ammoniaque (NH_4)
- ☐ Nitrite (NO_2)

- ☐ PH :
- ☐ Nettoyage filtration :
- ☐ Changement filtration :

- ☐ Nettoyage des vitres :
- ☐ Nettoyage de la décoration :
- ☐ Éclairage :

Notes
- ★ ―――――――
- ★ ―――――――
- ★ ―――――――
- ★ ―――――――
- ★ ―――――――
- ★ ―――――――

Notes
- ★ ―――――――
- ★ ―――――――
- ★ ―――――――
- ★ ―――――――
- ★ ―――――――
- ★ ―――――――

Le carnet d'entretien de mon aquarium

Date : ....

Caractéristiques de mon aquarium

- ☐ Type d'aquarium :
- ☐ Volume :
- ☐ Type d'animaux :

- ☐ Alimentation :
- ☐ Prévention maladie :
- ☐ Traitement maladie :

- ☐ Ajout de nouveaux animaux :
- ☐ Types :
- ☐ Nombres :

- ☐ Plantes :
- ☐ Alimentation des plantes :
- ☐ Type de sable :

Entretien de mon aquarium

- ☐ Température :
- ☐ Changement de l'eau :
- ☐ Quantité :

- ☐ Ammonium (NH_3)
- ☐ Ammoniaque (NH_4)
- ☐ Nitrite (NO_2)

- ☐ PH :
- ☐ Nettoyage filtration :
- ☐ Changement filtration :

- ☐ Nettoyage des vitres :
- ☐ Nettoyage de la décoration :
- ☐ Éclairage :

Notes

★ _____
★ _____
★ _____
★ _____
★ _____
★ _____

Notes

★ _____
★ _____
★ _____
★ _____
★ _____
★ _____

Le carnet d'entretien de mon aquarium

Date : ....

Caractéristiques de mon aquarium

- ☐ Type d'aquarium :
- ☐ Volume :
- ☐ Type d'animaux :

- ☐ Alimentation :
- ☐ Prévention maladie :
- ☐ Traitement maladie :

- ☐ Ajout de nouveaux animaux :
- ☐ Types :
- ☐ Nombres :

- ☐ Plantes :
- ☐ Alimentation des plantes :
- ☐ Type de sable :

Entretien de mon aquarium

- ☐ Température :
- ☐ Changement de l'eau :
- ☐ Quantité :

- ☐ Ammonium (NH_3)
- ☐ Ammoniaque (NH_4)
- ☐ Nitrite (NO_2)

- ☐ PH :
- ☐ Nettoyage filtration :
- ☐ Changement filtration :

- ☐ Nettoyage des vitres :
- ☐ Nettoyage de la décoration :
- ☐ Éclairage :

Notes
★ ──────────────
★ ──────────────
★ ──────────────
★ ──────────────
★ ──────────────
★ ──────────────

Notes
★ ──────────────
★ ──────────────
★ ──────────────
★ ──────────────
★ ──────────────
★ ──────────────

Le carnet d'entretien de mon aquarium

Date : ....

Caractéristiques de mon aquarium

- ☐ Type d'aquarium :
- ☐ Volume :
- ☐ Type d'animaux :

- ☐ Alimentation :
- ☐ Prévention maladie :
- ☐ Traitement maladie :

- ☐ Ajout de nouveaux animaux :
- ☐ Types :
- ☐ Nombres :

- ☐ Plantes :
- ☐ Alimentation des plantes :
- ☐ Type de sable :

Entretien de mon aquarium

- ☐ Température :
- ☐ Changement de l'eau :
- ☐ Quantité :

- ☐ Ammonium (NH_3)
- ☐ Ammoniaque (NH_4)
- ☐ Nitrite (NO_2)

- ☐ PH :
- ☐ Nettoyage filtration :
- ☐ Changement filtration :

- ☐ Nettoyage des vitres :
- ☐ Nettoyage de la décoration :
- ☐ Éclairage :

Notes

★ ──────────
★ ──────────
★ ──────────
★ ──────────
★ ──────────
★ ──────────

Notes

★ ──────────
★ ──────────
★ ──────────
★ ──────────
★ ──────────
★ ──────────

Le carnet d'entretien de mon aquarium

Date : ....

Caractéristiques de mon aquarium

- ☐ Type d'aquarium :
- ☐ Volume :
- ☐ Type d'animaux :

- ☐ Alimentation :
- ☐ Prévention maladie :
- ☐ Traitement maladie :

- ☐ Ajout de nouveaux animaux :
- ☐ Types :
- ☐ Nombres :

- ☐ Plantes :
- ☐ Alimentation des plantes :
- ☐ Type de sable :

Entretien de mon aquarium

- ☐ Température :
- ☐ Changement de l'eau :
- ☐ Quantité :

- ☐ Ammonium (NH_3)
- ☐ Ammoniaque (NH_4)
- ☐ Nitrite (NO_2)

- ☐ PH :
- ☐ Nettoyage filtration :
- ☐ Changement filtration :

- ☐ Nettoyage des vitres :
- ☐ Nettoyage de la décoration :
- ☐ Éclairage :

Notes
★ _____
★ _____
★ _____
★ _____
★ _____
★ _____

Notes
★ _____
★ _____
★ _____
★ _____
★ _____
★ _____

Le carnet d'entretien de mon aquarium

Date : ....

Caractéristiques de mon aquarium

- ☐ Type d'aquarium :
- ☐ Volume :
- ☐ Type d'animaux :

- ☐ Alimentation :
- ☐ Prévention maladie :
- ☐ Traitement maladie :

- ☐ Ajout de nouveaux animaux :
- ☐ Types :
- ☐ Nombres :

- ☐ Plantes :
- ☐ Alimentation des plantes :
- ☐ Type de sable :

Entretien de mon aquarium

- ☐ Température :
- ☐ Changement de l'eau :
- ☐ Quantité :

- ☐ Ammonium (NH_3)
- ☐ Ammoniaque (NH_4)
- ☐ Nitrite (NO_2)

- ☐ PH :
- ☐ Nettoyage filtration :
- ☐ Changement filtration :

- ☐ Nettoyage des vitres :
- ☐ Nettoyage de la décoration :
- ☐ Éclairage :

Notes
★ ──────────────
★ ──────────────
★ ──────────────
★ ──────────────
★ ──────────────
★ ──────────────

Notes
★ ──────────────
★ ──────────────
★ ──────────────
★ ──────────────
★ ──────────────
★ ──────────────

Le carnet d'entretien de mon aquarium

Date : ....

Caractéristiques de mon aquarium

- ☐ Type d'aquarium :
- ☐ Volume :
- ☐ Type d'animaux :

- ☐ Alimentation :
- ☐ Prévention maladie :
- ☐ Traitement maladie :

- ☐ Ajout de nouveaux animaux :
- ☐ Types :
- ☐ Nombres :

- ☐ Plantes :
- ☐ Alimentation des plantes :
- ☐ Type de sable :

Entretien de mon aquarium

- ☐ Température :
- ☐ Changement de l'eau :
- ☐ Quantité :

- ☐ Ammonium (NH_3)
- ☐ Ammoniaque (NH_4)
- ☐ Nitrite (NO_2)

- ☐ PH :
- ☐ Nettoyage filtration :
- ☐ Changement filtration :

- ☐ Nettoyage des vitres :
- ☐ Nettoyage de la décoration :
- ☐ Éclairage :

Notes

★ _____
★ _____
★ _____
★ _____
★ _____
★ _____

Notes

★ _____
★ _____
★ _____
★ _____
★ _____
★ _____

Le carnet d'entretien de mon aquarium

Date : ....

Caractéristiques de mon aquarium

- ☐ Type d'aquarium :
- ☐ Volume :
- ☐ Type d'animaux :

- ☐ Alimentation :
- ☐ Prévention maladie :
- ☐ Traitement maladie :

- ☐ Ajout de nouveaux animaux :
- ☐ Types :
- ☐ Nombres :

- ☐ Plantes :
- ☐ Alimentation des plantes :
- ☐ Type de sable :

Entretien de mon aquarium

- ☐ Température :
- ☐ Changement de l'eau :
- ☐ Quantité :

- ☐ Ammonium (NH_3)
- ☐ Ammoniaque (NH_4)
- ☐ Nitrite (NO_2)

- ☐ PH :
- ☐ Nettoyage filtration :
- ☐ Changement filtration :

- ☐ Nettoyage des vitres :
- ☐ Nettoyage de la décoration :
- ☐ Éclairage :

Notes
★ _____
★ _____
★ _____
★ _____
★ _____
★ _____

Notes
★ _____
★ _____
★ _____
★ _____
★ _____
★ _____

Le carnet d'entretien de mon aquarium

Date : ....

Caractéristiques de mon aquarium

- ☐ Type d'aquarium : _____
- ☐ Volume : _____
- ☐ Type d'animaux : _____

- ☐ Alimentation : _____
- ☐ Prévention maladie : _____
- ☐ Traitement maladie : _____

- ☐ Ajout de nouveaux animaux : _____
- ☐ Types : _____
- ☐ Nombres : _____

- ☐ Plantes : _____
- ☐ Alimentation des plantes : _____
- ☐ Type de sable : _____

Entretien de mon aquarium

- ☐ Température : _____
- ☐ Changement de l'eau : _____
- ☐ Quantité : _____

- ☐ Ammonium (NH_3) : _____
- ☐ Ammoniaque (NH_4) : _____
- ☐ Nitrite (NO_2) : _____

- ☐ PH : _____
- ☐ Nettoyage filtration : _____
- ☐ Changement filtration : _____

- ☐ Nettoyage des vitres : _____
- ☐ Nettoyage de la décoration : _____
- ☐ Éclairage : _____

Notes

- ★ _____
- ★ _____
- ★ _____
- ★ _____
- ★ _____
- ★ _____

Notes

- ★ _____
- ★ _____
- ★ _____
- ★ _____
- ★ _____
- ★ _____

Le carnet d'entretien de mon aquarium

Date : ....

Caractéristiques de mon aquarium

- ☐ Type d'aquarium :
- ☐ Volume :
- ☐ Type d'animaux :

- ☐ Alimentation :
- ☐ Prévention maladie :
- ☐ Traitement maladie :

- ☐ Ajout de nouveaux animaux :
- ☐ Types :
- ☐ Nombres :

- ☐ Plantes :
- ☐ Alimentation des plantes :
- ☐ Type de sable :

Entretien de mon aquarium

- ☐ Température :
- ☐ Changement de l'eau :
- ☐ Quantité :

- ☐ Ammonium (NH_3)
- ☐ Ammoniaque (NH_4)
- ☐ Nitrite (NO_2)

- ☐ PH :
- ☐ Nettoyage filtration :
- ☐ Changement filtration :

- ☐ Nettoyage des vitres :
- ☐ Nettoyage de la décoration :
- ☐ Éclairage :

Notes
★ ──────────────
★ ──────────────
★ ──────────────
★ ──────────────
★ ──────────────
★ ──────────────

Notes
★ ──────────────
★ ──────────────
★ ──────────────
★ ──────────────
★ ──────────────
★ ──────────────

Le carnet d'entretien de mon aquarium

Mon univers

Ma Passion

Date : ....

Caractéristiques de mon aquarium

- ☐ Type d'aquarium :
- ☐ Volume :
- ☐ Type d'animaux :

- ☐ Alimentation :
- ☐ Prévention maladie :
- ☐ Traitement maladie :

- ☐ Ajout de nouveaux animaux :
- ☐ Types :
- ☐ Nombres :

- ☐ Plantes :
- ☐ Alimentation des plantes :
- ☐ Type de sable :

Entretien de mon aquarium

- ☐ Température :
- ☐ Changement de l'eau :
- ☐ Quantité :

- ☐ Ammonium (NH_3)
- ☐ Ammoniaque (NH_4)
- ☐ Nitrite (NO_2)

- ☐ PH :
- ☐ Nettoyage filtration :
- ☐ Changement filtration :

- ☐ Nettoyage des vitres :
- ☐ Nettoyage de la décoration :
- ☐ Éclairage :

Notes

- ★ _____
- ★ _____
- ★ _____
- ★ _____
- ★ _____
- ★ _____

Notes

- ★ _____
- ★ _____
- ★ _____
- ★ _____
- ★ _____
- ★ _____

Le carnet d'entretien de mon aquarium

Mon univers

Ma Passion

Date : ....

Caractéristiques de mon aquarium

- ☐ Type d'aquarium :
- ☐ Volume :
- ☐ Type d'animaux :

- ☐ Alimentation :
- ☐ Prévention maladie :
- ☐ Traitement maladie :

- ☐ Ajout de nouveaux animaux :
- ☐ Types :
- ☐ Nombres :

- ☐ Plantes :
- ☐ Alimentation des plantes :
- ☐ Type de sable :

Entretien de mon aquarium

- ☐ Température :
- ☐ Changement de l'eau :
- ☐ Quantité :

- ☐ Ammonium (NH_3)
- ☐ Ammoniaque (NH_4)
- ☐ Nitrite (NO_2)

- ☐ PH :
- ☐ Nettoyage filtration :
- ☐ Changement filtration :

- ☐ Nettoyage des vitres :
- ☐ Nettoyage de la décoration :
- ☐ Éclairage :

Notes
- ★ _____
- ★ _____
- ★ _____
- ★ _____
- ★ _____
- ★ _____

Notes
- ★ _____
- ★ _____
- ★ _____
- ★ _____
- ★ _____
- ★ _____

Le carnet d'entretien de mon aquarium

Date : ....

Caractéristiques de mon aquarium

- ☐ Type d'aquarium :
- ☐ Volume :
- ☐ Type d'animaux :

- ☐ Alimentation :
- ☐ Prévention maladie :
- ☐ Traitement maladie :

- ☐ Ajout de nouveaux animaux :
- ☐ Types :
- ☐ Nombres :

- ☐ Plantes :
- ☐ Alimentation des plantes :
- ☐ Type de sable :

Entretien de mon aquarium

- ☐ Température :
- ☐ Changement de l'eau :
- ☐ Quantité :

- ☐ Ammonium (NH_3)
- ☐ Ammoniaque (NH_4)
- ☐ Nitrite (NO_2)

- ☐ PH :
- ☐ Nettoyage filtration :
- ☐ Changement filtration :

- ☐ Nettoyage des vitres :
- ☐ Nettoyage de la décoration :
- ☐ Éclairage :

Notes
- ★ _____
- ★ _____
- ★ _____
- ★ _____
- ★ _____
- ★ _____

Notes
- ★ _____
- ★ _____
- ★ _____
- ★ _____
- ★ _____
- ★ _____

Le carnet d'entretien de mon aquarium

Date : ....

Caractéristiques de mon aquarium

- ☐ Type d'aquarium :
- ☐ Volume :
- ☐ Type d'animaux :

- ☐ Alimentation :
- ☐ Prévention maladie :
- ☐ Traitement maladie :

- ☐ Ajout de nouveaux animaux :
- ☐ Types :
- ☐ Nombres :

- ☐ Plantes :
- ☐ Alimentation des plantes :
- ☐ Type de sable :

Entretien de mon aquarium

- ☐ Température :
- ☐ Changement de l'eau :
- ☐ Quantité :

- ☐ Ammonium (NH_3)
- ☐ Ammoniaque (NH_4)
- ☐ Nitrite (NO_2)

- ☐ PH :
- ☐ Nettoyage filtration :
- ☐ Changement filtration :

- ☐ Nettoyage des vitres :
- ☐ Nettoyage de la décoration :
- ☐ Éclairage :

Notes
- ★ _____
- ★ _____
- ★ _____
- ★ _____
- ★ _____
- ★ _____

Notes
- ★ _____
- ★ _____
- ★ _____
- ★ _____
- ★ _____
- ★ _____

Le carnet d'entretien de mon aquarium

Date : ....

Caractéristiques de mon aquarium

- ☐ Type d'aquarium :
- ☐ Volume :
- ☐ Type d'animaux :

- ☐ Alimentation :
- ☐ Prévention maladie :
- ☐ Traitement maladie :

- ☐ Ajout de nouveaux animaux :
- ☐ Types :
- ☐ Nombres :

- ☐ Plantes :
- ☐ Alimentation des plantes :
- ☐ Type de sable :

Entretien de mon aquarium

- ☐ Température :
- ☐ Changement de l'eau :
- ☐ Quantité :

- ☐ Ammonium (NH_3)
- ☐ Ammoniaque (NH_4)
- ☐ Nitrite (NO_2)

- ☐ PH :
- ☐ Nettoyage filtration :
- ☐ Changement filtration :

- ☐ Nettoyage des vitres :
- ☐ Nettoyage de la décoration :
- ☐ Éclairage :

Notes
★ _____
★ _____
★ _____
★ _____
★ _____
★ _____

Notes
★ _____
★ _____
★ _____
★ _____
★ _____
★ _____

Le carnet d'entretien de mon aquarium

Mon univers

Ma Passion

Date : ....

Caractéristiques de mon aquarium

- ☐ Type d'aquarium :
- ☐ Volume :
- ☐ Type d'animaux :

- ☐ Alimentation :
- ☐ Prévention maladie :
- ☐ Traitement maladie :

- ☐ Ajout de nouveaux animaux :
- ☐ Types :
- ☐ Nombres :

- ☐ Plantes :
- ☐ Alimentation des plantes :
- ☐ Type de sable :

Entretien de mon aquarium

- ☐ Température :
- ☐ Changement de l'eau :
- ☐ Quantité :

- ☐ Ammonium (NH_3)
- ☐ Ammoniaque (NH_4)
- ☐ Nitrite (NO_2)

- ☐ PH :
- ☐ Nettoyage filtration :
- ☐ Changement filtration :

- ☐ Nettoyage des vitres :
- ☐ Nettoyage de la décoration :
- ☐ Éclairage :

Notes
- ★ _____
- ★ _____
- ★ _____
- ★ _____
- ★ _____
- ★ _____

Notes
- ★ _____
- ★ _____
- ★ _____
- ★ _____
- ★ _____
- ★ _____

Le carnet d'entretien de mon aquarium

Date : ....

Caractéristiques de mon aquarium

- ☐ Type d'aquarium :
- ☐ Volume :
- ☐ Type d'animaux :

- ☐ Alimentation :
- ☐ Prévention maladie :
- ☐ Traitement maladie :

- ☐ Ajout de nouveaux animaux :
- ☐ Types :
- ☐ Nombres :

- ☐ Plantes :
- ☐ Alimentation des plantes :
- ☐ Type de sable :

Entretien de mon aquarium

- ☐ Température :
- ☐ Changement de l'eau :
- ☐ Quantité :

- ☐ Ammonium (NH_3)
- ☐ Ammoniaque (NH_4)
- ☐ Nitrite (NO_2)

- ☐ PH :
- ☐ Nettoyage filtration :
- ☐ Changement filtration :

- ☐ Nettoyage des vitres :
- ☐ Nettoyage de la décoration :
- ☐ Éclairage :

Notes

★ ──────────
★ ──────────
★ ──────────
★ ──────────
★ ──────────
★ ──────────

Notes

★ ──────────
★ ──────────
★ ──────────
★ ──────────
★ ──────────
★ ──────────

Le carnet d'entretien de mon aquarium

Date : ....

Caractéristiques de mon aquarium

- ☐ Type d'aquarium :
- ☐ Volume :
- ☐ Type d'animaux :

- ☐ Alimentation :
- ☐ Prévention maladie :
- ☐ Traitement maladie :

- ☐ Ajout de nouveaux animaux :
- ☐ Types :
- ☐ Nombres :

- ☐ Plantes :
- ☐ Alimentation des plantes :
- ☐ Type de sable :

Entretien de mon aquarium

- ☐ Température :
- ☐ Changement de l'eau :
- ☐ Quantité :

- ☐ Ammonium (NH_3)
- ☐ Ammoniaque (NH_4)
- ☐ Nitrite (NO_2)

- ☐ PH :
- ☐ Nettoyage filtration :
- ☐ Changement filtration :

- ☐ Nettoyage des vitres :
- ☐ Nettoyage de la décoration :
- ☐ Éclairage :

Notes
★ _____
★ _____
★ _____
★ _____
★ _____
★ _____

Notes
★ _____
★ _____
★ _____
★ _____
★ _____
★ _____

Le carnet d'entretien de mon aquarium

Mon univers

Ma Passion

Date : ....

Caractéristiques de mon aquarium

- ☐ Type d'aquarium :
- ☐ Volume :
- ☐ Type d'animaux :

- ☐ Alimentation :
- ☐ Prévention maladie :
- ☐ Traitement maladie :

- ☐ Ajout de nouveaux animaux :
- ☐ Types :
- ☐ Nombres :

- ☐ Plantes :
- ☐ Alimentation des plantes :
- ☐ Type de sable :

Entretien de mon aquarium

- ☐ Température :
- ☐ Changement de l'eau :
- ☐ Quantité :

- ☐ Ammonium (NH_3)
- ☐ Ammoniaque (NH_4)
- ☐ Nitrite (NO_2)

- ☐ PH :
- ☐ Nettoyage filtration :
- ☐ Changement filtration :

- ☐ Nettoyage des vitres :
- ☐ Nettoyage de la décoration :
- ☐ Éclairage :

Notes
★ ──────────────
★ ──────────────
★ ──────────────
★ ──────────────
★ ──────────────
★ ──────────────

Notes
★ ──────────────
★ ──────────────
★ ──────────────
★ ──────────────
★ ──────────────
★ ──────────────

Le carnet d'entretien de mon aquarium

Date : ....

Caractéristiques de mon aquarium

- ☐ Type d'aquarium :
- ☐ Volume :
- ☐ Type d'animaux :

- ☐ Alimentation :
- ☐ Prévention maladie :
- ☐ Traitement maladie :

- ☐ Ajout de nouveaux animaux :
- ☐ Types :
- ☐ Nombres :

- ☐ Plantes :
- ☐ Alimentation des plantes :
- ☐ Type de sable :

Entretien de mon aquarium

- ☐ Température :
- ☐ Changement de l'eau :
- ☐ Quantité :

- ☐ Ammonium (NH_3)
- ☐ Ammoniaque (NH_4)
- ☐ Nitrite (NO_2)

- ☐ PH :
- ☐ Nettoyage filtration :
- ☐ Changement filtration :

- ☐ Nettoyage des vitres :
- ☐ Nettoyage de la décoration :
- ☐ Éclairage :

Notes
★ _____
★ _____
★ _____
★ _____
★ _____
★ _____

Notes
★ _____
★ _____
★ _____
★ _____
★ _____
★ _____

Le carnet d'entretien de mon aquarium

Date : ....

Caractéristiques de mon aquarium

- ☐ Type d'aquarium :
- ☐ Volume :
- ☐ Type d'animaux :

- ☐ Alimentation :
- ☐ Prévention maladie :
- ☐ Traitement maladie :

- ☐ Ajout de nouveaux animaux :
- ☐ Types :
- ☐ Nombres :

- ☐ Plantes :
- ☐ Alimentation des plantes :
- ☐ Type de sable :

Entretien de mon aquarium

- ☐ Température :
- ☐ Changement de l'eau :
- ☐ Quantité :

- ☐ Ammonium (NH_3)
- ☐ Ammoniaque (NH_4)
- ☐ Nitrite (NO_2)

- ☐ PH :
- ☐ Nettoyage filtration :
- ☐ Changement filtration :

- ☐ Nettoyage des vitres :
- ☐ Nettoyage de la décoration :
- ☐ Éclairage :

Notes

★ ─────────────
★ ─────────────
★ ─────────────
★ ─────────────
★ ─────────────
★ ─────────────

Notes

★ ─────────────
★ ─────────────
★ ─────────────
★ ─────────────
★ ─────────────
★ ─────────────

Le carnet d'entretien de mon aquarium

Date : ....

Caractéristiques de mon aquarium

- ☐ Type d'aquarium :
- ☐ Volume :
- ☐ Type d'animaux :

- ☐ Alimentation :
- ☐ Prévention maladie :
- ☐ Traitement maladie :

- ☐ Ajout de nouveaux animaux :
- ☐ Types :
- ☐ Nombres :

- ☐ Plantes :
- ☐ Alimentation des plantes :
- ☐ Type de sable :

Entretien de mon aquarium

- ☐ Température :
- ☐ Changement de l'eau :
- ☐ Quantité :

- ☐ Ammonium (NH_3)
- ☐ Ammoniaque (NH_4)
- ☐ Nitrite (NO_2)

- ☐ PH :
- ☐ Nettoyage filtration :
- ☐ Changement filtration :

- ☐ Nettoyage des vitres :
- ☐ Nettoyage de la décoration :
- ☐ Éclairage :

Notes
★ _____
★ _____
★ _____
★ _____
★ _____
★ _____

Notes
★ _____
★ _____
★ _____
★ _____
★ _____
★ _____

Le carnet d'entretien de mon aquarium

Date : ....

Caractéristiques de mon aquarium

- ☐ Type d'aquarium :
- ☐ Volume :
- ☐ Type d'animaux :

- ☐ Alimentation :
- ☐ Prévention maladie :
- ☐ Traitement maladie :

- ☐ Ajout de nouveaux animaux :
- ☐ Types :
- ☐ Nombres :

- ☐ Plantes :
- ☐ Alimentation des plantes :
- ☐ Type de sable :

Entretien de mon aquarium

- ☐ Température :
- ☐ Changement de l'eau :
- ☐ Quantité :

- ☐ Ammonium (NH_3)
- ☐ Ammoniaque (NH_4)
- ☐ Nitrite (NO_2)

- ☐ PH :
- ☐ Nettoyage filtration :
- ☐ Changement filtration :

- ☐ Nettoyage des vitres :
- ☐ Nettoyage de la décoration :
- ☐ Éclairage :

Notes
★ ——————————
★ ——————————
★ ——————————
★ ——————————
★ ——————————
★ ——————————

Notes
★ ——————————
★ ——————————
★ ——————————
★ ——————————
★ ——————————
★ ——————————

Le carnet d'entretien de mon aquarium

Date : ....

Caractéristiques de mon aquarium

- ☐ Type d'aquarium :
- ☐ Volume :
- ☐ Type d'animaux :

- ☐ Alimentation :
- ☐ Prévention maladie :
- ☐ Traitement maladie :

- ☐ Ajout de nouveaux animaux :
- ☐ Types :
- ☐ Nombres :

- ☐ Plantes :
- ☐ Alimentation des plantes :
- ☐ Type de sable :

Entretien de mon aquarium

- ☐ Température :
- ☐ Changement de l'eau :
- ☐ Quantité :

- ☐ Ammonium (NH_3)
- ☐ Ammoniaque (NH_4)
- ☐ Nitrite (NO_2)

- ☐ PH :
- ☐ Nettoyage filtration :
- ☐ Changement filtration :

- ☐ Nettoyage des vitres :
- ☐ Nettoyage de la décoration :
- ☐ Éclairage :

Notes
★ ──────────
★ ──────────
★ ──────────
★ ──────────
★ ──────────
★ ──────────

Notes
★ ──────────
★ ──────────
★ ──────────
★ ──────────
★ ──────────
★ ──────────

Le carnet d'entretien de mon aquarium

Date : ....

Caractéristiques de mon aquarium

- ☐ Type d'aquarium :
- ☐ Volume :
- ☐ Type d'animaux :
- ☐ Alimentation :
- ☐ Prévention maladie :
- ☐ Traitement maladie :
- ☐ Ajout de nouveaux animaux :
- ☐ Types :
- ☐ Nombres :
- ☐ Plantes :
- ☐ Alimentation des plantes :
- ☐ Type de sable :

Entretien de mon aquarium

- ☐ Température :
- ☐ Changement de l'eau :
- ☐ Quantité :
- ☐ Ammonium (NH_3)
- ☐ Ammoniaque (NH_4)
- ☐ Nitrite (NO_2)
- ☐ PH :
- ☐ Nettoyage filtration :
- ☐ Changement filtration :
- ☐ Nettoyage des vitres :
- ☐ Nettoyage de la décoration :
- ☐ Éclairage :

Notes
- ★ _____
- ★ _____
- ★ _____
- ★ _____
- ★ _____
- ★ _____

Notes
- ★ _____
- ★ _____
- ★ _____
- ★ _____
- ★ _____
- ★ _____

Le carnet d'entretien de mon aquarium

Mon univers

Ma Passion

Date : ....

Caractéristiques de mon aquarium

- ☐ Type d'aquarium : _____
- ☐ Volume : _____
- ☐ Type d'animaux : _____

- ☐ Alimentation : _____
- ☐ Prévention maladie : _____
- ☐ Traitement maladie : _____

- ☐ Ajout de nouveaux animaux : _____
- ☐ Types : _____
- ☐ Nombres : _____

- ☐ Plantes : _____
- ☐ Alimentation des plantes : _____
- ☐ Type de sable : _____

Entretien de mon aquarium

- ☐ Température : _____
- ☐ Changement de l'eau : _____
- ☐ Quantité : _____

- ☐ Ammonium (NH_3)
- ☐ Ammoniaque (NH_4)
- ☐ Nitrite (NO_2)

- ☐ PH : _____
- ☐ Nettoyage filtration : _____
- ☐ Changement filtration : _____

- ☐ Nettoyage des vitres : _____
- ☐ Nettoyage de la décoration : _____
- ☐ Éclairage : _____

Notes
- ★ _____
- ★ _____
- ★ _____
- ★ _____
- ★ _____
- ★ _____

Notes
- ★ _____
- ★ _____
- ★ _____
- ★ _____
- ★ _____
- ★ _____

Le carnet d'entretien de mon aquarium

Mon univers — **Ma Passion**

Date : ....

Caractéristiques de mon aquarium

- ☐ Type d'aquarium :
- ☐ Volume :
- ☐ Type d'animaux :

- ☐ Alimentation :
- ☐ Prévention maladie :
- ☐ Traitement maladie :

- ☐ Ajout de nouveaux animaux :
- ☐ Types :
- ☐ Nombres :

- ☐ Plantes :
- ☐ Alimentation des plantes :
- ☐ Type de sable :

Entretien de mon aquarium

- ☐ Température :
- ☐ Changement de l'eau :
- ☐ Quantité :

- ☐ Ammonium (NH_3)
- ☐ Ammoniaque (NH_4)
- ☐ Nitrite (NO_2)

- ☐ PH :
- ☐ Nettoyage filtration :
- ☐ Changement filtration :

- ☐ Nettoyage des vitres :
- ☐ Nettoyage de la décoration :
- ☐ Éclairage :

Notes
★ _____
★ _____
★ _____
★ _____
★ _____
★ _____

Notes
★ _____
★ _____
★ _____
★ _____
★ _____
★ _____

Le carnet d'entretien de mon aquarium

Date : ....

Caractéristiques de mon aquarium

- ☐ Type d'aquarium :
- ☐ Volume :
- ☐ Type d'animaux :

- ☐ Alimentation :
- ☐ Prévention maladie :
- ☐ Traitement maladie :

- ☐ Ajout de nouveaux animaux :
- ☐ Types :
- ☐ Nombres :

- ☐ Plantes :
- ☐ Alimentation des plantes :
- ☐ Type de sable :

Entretien de mon aquarium

- ☐ Température :
- ☐ Changement de l'eau :
- ☐ Quantité :

- ☐ Ammonium (NH_3)
- ☐ Ammoniaque (NH_4)
- ☐ Nitrite (NO_2)

- ☐ PH :
- ☐ Nettoyage filtration :
- ☐ Changement filtration :

- ☐ Nettoyage des vitres :
- ☐ Nettoyage de la décoration :
- ☐ Éclairage :

Notes
★ _____
★ _____
★ _____
★ _____
★ _____
★ _____

Notes
★ _____
★ _____
★ _____
★ _____
★ _____
★ _____

Le carnet d'entretien de mon aquarium

Date : ....

Caractéristiques de mon aquarium

- ☐ Type d'aquarium :
- ☐ Volume :
- ☐ Type d'animaux :

- ☐ Alimentation :
- ☐ Prévention maladie :
- ☐ Traitement maladie :

- ☐ Ajout de nouveaux animaux :
- ☐ Types :
- ☐ Nombres :

- ☐ Plantes :
- ☐ Alimentation des plantes :
- ☐ Type de sable :

Entretien de mon aquarium

- ☐ Température :
- ☐ Changement de l'eau :
- ☐ Quantité :

- ☐ Ammonium (NH_3)
- ☐ Ammoniaque (NH_4)
- ☐ Nitrite (NO_2)

- ☐ PH :
- ☐ Nettoyage filtration :
- ☐ Changement filtration :

- ☐ Nettoyage des vitres :
- ☐ Nettoyage de la décoration :
- ☐ Éclairage :

Notes
★ ──────────
★ ──────────
★ ──────────
★ ──────────
★ ──────────
★ ──────────

Notes
★ ──────────
★ ──────────
★ ──────────
★ ──────────
★ ──────────
★ ──────────

Le carnet d'entretien de mon aquarium

Date : ....

Caractéristiques de mon aquarium

- ☐ Type d'aquarium :
- ☐ Volume :
- ☐ Type d'animaux :

- ☐ Alimentation :
- ☐ Prévention maladie :
- ☐ Traitement maladie :

- ☐ Ajout de nouveaux animaux :
- ☐ Types :
- ☐ Nombres :

- ☐ Plantes :
- ☐ Alimentation des plantes :
- ☐ Type de sable :

Entretien de mon aquarium

- ☐ Température :
- ☐ Changement de l'eau :
- ☐ Quantité :

- ☐ Ammonium (NH_3)
- ☐ Ammoniaque (NH_4)
- ☐ Nitrite (NO_2)

- ☐ PH :
- ☐ Nettoyage filtration :
- ☐ Changement filtration :

- ☐ Nettoyage des vitres :
- ☐ Nettoyage de la décoration :
- ☐ Éclairage :

Notes

★ ──────────────
★ ──────────────
★ ──────────────
★ ──────────────
★ ──────────────
★ ──────────────

Notes

★ ──────────────
★ ──────────────
★ ──────────────
★ ──────────────
★ ──────────────
★ ──────────────

Le carnet d'entretien de mon aquarium

Mon univers

Ma Passion

Date : ....

Caractéristiques de mon aquarium

- ☐ Type d'aquarium : _____
- ☐ Volume : _____
- ☐ Type d'animaux : _____

- ☐ Alimentation : _____
- ☐ Prévention maladie : _____
- ☐ Traitement maladie : _____

- ☐ Ajout de nouveaux animaux : _____
- ☐ Types : _____
- ☐ Nombres : _____

- ☐ Plantes : _____
- ☐ Alimentation des plantes : _____
- ☐ Type de sable : _____

Entretien de mon aquarium

- ☐ Température : _____
- ☐ Changement de l'eau : _____
- ☐ Quantité : _____

- ☐ Ammonium (NH_3) : _____
- ☐ Ammoniaque (NH_4) : _____
- ☐ Nitrite (NO_2) : _____

- ☐ PH : _____
- ☐ Nettoyage filtration : _____
- ☐ Changement filtration : _____

- ☐ Nettoyage des vitres : _____
- ☐ Nettoyage de la décoration : _____
- ☐ Éclairage : _____

Notes
★ _____
★ _____
★ _____
★ _____
★ _____
★ _____

Notes
★ _____
★ _____
★ _____
★ _____
★ _____
★ _____

Le carnet d'entretien de mon aquarium

Date : ....

Caractéristiques de mon aquarium

- ☐ Type d'aquarium :
- ☐ Volume :
- ☐ Type d'animaux :
- ☐ Alimentation :
- ☐ Prévention maladie :
- ☐ Traitement maladie :
- ☐ Ajout de nouveaux animaux :
- ☐ Types :
- ☐ Nombres :
- ☐ Plantes :
- ☐ Alimentation des plantes :
- ☐ Type de sable :

Entretien de mon aquarium

- ☐ Température :
- ☐ Changement de l'eau :
- ☐ Quantité :
- ☐ Ammonium (NH_3)
- ☐ Ammoniaque (NH_4)
- ☐ Nitrite (NO_2)
- ☐ PH :
- ☐ Nettoyage filtration :
- ☐ Changement filtration :
- ☐ Nettoyage des vitres :
- ☐ Nettoyage de la décoration :
- ☐ Éclairage :

Notes
- ★
- ★
- ★
- ★
- ★
- ★

Notes
- ★
- ★
- ★
- ★
- ★
- ★

Le carnet d'entretien de mon aquarium

Mon univers

Ma Passion

Date : ....

Caractéristiques de mon aquarium

- ☐ Type d'aquarium :
- ☐ Volume :
- ☐ Type d'animaux :

- ☐ Alimentation :
- ☐ Prévention maladie :
- ☐ Traitement maladie :

- ☐ Ajout de nouveaux animaux :
- ☐ Types :
- ☐ Nombres :

- ☐ Plantes :
- ☐ Alimentation des plantes :
- ☐ Type de sable :

Entretien de mon aquarium

- ☐ Température :
- ☐ Changement de l'eau :
- ☐ Quantité :

- ☐ Ammonium (NH_3)
- ☐ Ammoniaque (NH_4)
- ☐ Nitrite (NO_2)

- ☐ PH :
- ☐ Nettoyage filtration :
- ☐ Changement filtration :

- ☐ Nettoyage des vitres :
- ☐ Nettoyage de la décoration :
- ☐ Éclairage :

Notes
- ★ _____
- ★ _____
- ★ _____
- ★ _____
- ★ _____
- ★ _____

Notes
- ★ _____
- ★ _____
- ★ _____
- ★ _____
- ★ _____
- ★ _____

Le carnet d'entretien de mon aquarium

Mon univers

Ma Passion

Date : ....

Caractéristiques de mon aquarium

- ☐ Type d'aquarium :
- ☐ Volume :
- ☐ Type d'animaux :

- ☐ Alimentation :
- ☐ Prévention maladie :
- ☐ Traitement maladie :

- ☐ Ajout de nouveaux animaux :
- ☐ Types :
- ☐ Nombres :

- ☐ Plantes :
- ☐ Alimentation des plantes :
- ☐ Type de sable :

Entretien de mon aquarium

- ☐ Température :
- ☐ Changement de l'eau :
- ☐ Quantité :

- ☐ Ammonium (NH_3)
- ☐ Ammoniaque (NH_4)
- ☐ Nitrite (NO_2)

- ☐ PH :
- ☐ Nettoyage filtration :
- ☐ Changement filtration :

- ☐ Nettoyage des vitres :
- ☐ Nettoyage de la décoration :
- ☐ Éclairage :

Notes
★ ―――――――――――
★ ―――――――――――
★ ―――――――――――
★ ―――――――――――
★ ―――――――――――
★ ―――――――――――

Notes
★ ―――――――――――
★ ―――――――――――
★ ―――――――――――
★ ―――――――――――
★ ―――――――――――
★ ―――――――――――

Le carnet d'entretien de mon aquarium

Date : ....

Caractéristiques de mon aquarium

- ☐ Type d'aquarium :
- ☐ Volume :
- ☐ Type d'animaux :

- ☐ Alimentation :
- ☐ Prévention maladie :
- ☐ Traitement maladie :

- ☐ Ajout de nouveaux animaux :
- ☐ Types :
- ☐ Nombres :

- ☐ Plantes :
- ☐ Alimentation des plantes :
- ☐ Type de sable :

Entretien de mon aquarium

- ☐ Température :
- ☐ Changement de l'eau :
- ☐ Quantité :

- ☐ Ammonium (NH_3)
- ☐ Ammoniaque (NH_4)
- ☐ Nitrite (NO_2)

- ☐ PH :
- ☐ Nettoyage filtration :
- ☐ Changement filtration :

- ☐ Nettoyage des vitres :
- ☐ Nettoyage de la décoration :
- ☐ Éclairage :

Notes

★ ──────────────
★ ──────────────
★ ──────────────
★ ──────────────
★ ──────────────
★ ──────────────

Notes

★ ──────────────
★ ──────────────
★ ──────────────
★ ──────────────
★ ──────────────
★ ──────────────

Le carnet d'entretien de mon aquarium

Date : ....

Caractéristiques de mon aquarium

- ☐ Type d'aquarium :
- ☐ Volume :
- ☐ Type d'animaux :

- ☐ Alimentation :
- ☐ Prévention maladie :
- ☐ Traitement maladie :

- ☐ Ajout de nouveaux animaux :
- ☐ Types :
- ☐ Nombres :

- ☐ Plantes :
- ☐ Alimentation des plantes :
- ☐ Type de sable :

Entretien de mon aquarium

- ☐ Température :
- ☐ Changement de l'eau :
- ☐ Quantité :

- ☐ Ammonium (NH_3)
- ☐ Ammoniaque (NH_4)
- ☐ Nitrite (NO_2)

- ☐ PH :
- ☐ Nettoyage filtration :
- ☐ Changement filtration :

- ☐ Nettoyage des vitres :
- ☐ Nettoyage de la décoration :
- ☐ Éclairage :

Notes
★ _____
★ _____
★ _____
★ _____
★ _____
★ _____

Notes
★ _____
★ _____
★ _____
★ _____
★ _____
★ _____

Le carnet d'entretien de mon aquarium

Mon univers

Ma Passion

Date : ....

Caractéristiques de mon aquarium

- ☐ Type d'aquarium :
- ☐ Volume :
- ☐ Type d'animaux :

- ☐ Alimentation :
- ☐ Prévention maladie :
- ☐ Traitement maladie :

- ☐ Ajout de nouveaux animaux :
- ☐ Types :
- ☐ Nombres :

- ☐ Plantes :
- ☐ Alimentation des plantes :
- ☐ Type de sable :

Entretien de mon aquarium

- ☐ Température :
- ☐ Changement de l'eau :
- ☐ Quantité :

- ☐ Ammonium (NH_3)
- ☐ Ammoniaque (NH_4)
- ☐ Nitrite (NO_2)

- ☐ PH :
- ☐ Nettoyage filtration :
- ☐ Changement filtration :

- ☐ Nettoyage des vitres :
- ☐ Nettoyage de la décoration :
- ☐ Éclairage :

Notes
★ _____
★ _____
★ _____
★ _____
★ _____
★ _____

Notes
★ _____
★ _____
★ _____
★ _____
★ _____
★ _____

Le carnet d'entretien de mon aquarium

Date : ....

Caractéristiques de mon aquarium

- ☐ Type d'aquarium :
- ☐ Volume :
- ☐ Type d'animaux :

- ☐ Alimentation :
- ☐ Prévention maladie :
- ☐ Traitement maladie :

- ☐ Ajout de nouveaux animaux :
- ☐ Types :
- ☐ Nombres :

- ☐ Plantes :
- ☐ Alimentation des plantes :
- ☐ Type de sable :

Entretien de mon aquarium

- ☐ Température :
- ☐ Changement de l'eau :
- ☐ Quantité :

- ☐ Ammonium (NH_3)
- ☐ Ammoniaque (NH_4)
- ☐ Nitrite (NO_2)

- ☐ PH :
- ☐ Nettoyage filtration :
- ☐ Changement filtration :

- ☐ Nettoyage des vitres :
- ☐ Nettoyage de la décoration :
- ☐ Éclairage :

Notes
★ _____
★ _____
★ _____
★ _____
★ _____
★ _____

Notes
★ _____
★ _____
★ _____
★ _____
★ _____
★ _____

Le carnet d'entretien de mon aquarium

Mon univers

Ma Passion

Date : ....

Caractéristiques de mon aquarium

- ☐ Type d'aquarium :
- ☐ Volume :
- ☐ Type d'animaux :

- ☐ Alimentation :
- ☐ Prévention maladie :
- ☐ Traitement maladie :

- ☐ Ajout de nouveaux animaux :
- ☐ Types :
- ☐ Nombres :

- ☐ Plantes :
- ☐ Alimentation des plantes :
- ☐ Type de sable :

Entretien de mon aquarium

- ☐ Température :
- ☐ Changement de l'eau :
- ☐ Quantité :

- ☐ Ammonium (NH_3)
- ☐ Ammoniaque (NH_4)
- ☐ Nitrite (NO_2)

- ☐ PH :
- ☐ Nettoyage filtration :
- ☐ Changement filtration :

- ☐ Nettoyage des vitres :
- ☐ Nettoyage de la décoration :
- ☐ Éclairage :

Notes
★ _____
★ _____
★ _____
★ _____
★ _____
★ _____

Notes
★ _____
★ _____
★ _____
★ _____
★ _____
★ _____

Le carnet d'entretien de mon aquarium

Date : ....

Caractéristiques de mon aquarium

- ☐ Type d'aquarium :
- ☐ Volume :
- ☐ Type d'animaux :

- ☐ Alimentation :
- ☐ Prévention maladie :
- ☐ Traitement maladie :

- ☐ Ajout de nouveaux animaux :
- ☐ Types :
- ☐ Nombres :

- ☐ Plantes :
- ☐ Alimentation des plantes :
- ☐ Type de sable :

Entretien de mon aquarium

- ☐ Température :
- ☐ Changement de l'eau :
- ☐ Quantité :

- ☐ Ammonium (NH_3)
- ☐ Ammoniaque (NH_4)
- ☐ Nitrite (NO_2)

- ☐ PH :
- ☐ Nettoyage filtration :
- ☐ Changement filtration :

- ☐ Nettoyage des vitres :
- ☐ Nettoyage de la décoration :
- ☐ Éclairage :

Notes
★ ―――――――――――――
★ ―――――――――――――
★ ―――――――――――――
★ ―――――――――――――
★ ―――――――――――――
★ ―――――――――――――

Notes
★ ―――――――――――――
★ ―――――――――――――
★ ―――――――――――――
★ ―――――――――――――
★ ―――――――――――――
★ ―――――――――――――

Le carnet d'entretien de mon aquarium

Date : ....

Caractéristiques de mon aquarium

- ☐ Type d'aquarium :
- ☐ Volume :
- ☐ Type d'animaux :

- ☐ Alimentation :
- ☐ Prévention maladie :
- ☐ Traitement maladie :

- ☐ Ajout de nouveaux animaux :
- ☐ Types :
- ☐ Nombres :

- ☐ Plantes :
- ☐ Alimentation des plantes :
- ☐ Type de sable :

Entretien de mon aquarium

- ☐ Température :
- ☐ Changement de l'eau :
- ☐ Quantité :

- ☐ Ammonium (NH_3)
- ☐ Ammoniaque (NH_4)
- ☐ Nitrite (NO_2)

- ☐ PH :
- ☐ Nettoyage filtration :
- ☐ Changement filtration :

- ☐ Nettoyage des vitres :
- ☐ Nettoyage de la décoration :
- ☐ Éclairage :

Notes

★ ———
★ ———
★ ———
★ ———
★ ———
★ ———

Notes

★ ———
★ ———
★ ———
★ ———
★ ———
★ ———

Le carnet d'entretien de mon aquarium

Date : ....

Caractéristiques de mon aquarium

- ☐ Type d'aquarium :
- ☐ Volume :
- ☐ Type d'animaux :

- ☐ Alimentation :
- ☐ Prévention maladie :
- ☐ Traitement maladie :

- ☐ Ajout de nouveaux animaux :
- ☐ Types :
- ☐ Nombres :

- ☐ Plantes :
- ☐ Alimentation des plantes :
- ☐ Type de sable :

Entretien de mon aquarium

- ☐ Température :
- ☐ Changement de l'eau :
- ☐ Quantité :

- ☐ Ammonium (NH_3)
- ☐ Ammoniaque (NH_4)
- ☐ Nitrite (NO_2)

- ☐ PH :
- ☐ Nettoyage filtration :
- ☐ Changement filtration :

- ☐ Nettoyage des vitres :
- ☐ Nettoyage de la décoration :
- ☐ Éclairage :

Notes
- ★
- ★
- ★
- ★
- ★
- ★

Notes
- ★
- ★
- ★
- ★
- ★
- ★

Printed by Amazon Italia Logistica S.r.l.
Torrazza Piemonte (TO), Italy